Precila Kátia Moreira

Tra preghiere ed esconjuros:

Precila Kátia Moreira

Tra preghiere ed esconjuros:

Aspetti della religiosità popolare a Palmas/PR all'inizio del XX secolo

ScienciaScripts

Imprint

Any brand names and product names mentioned in this book are subject to trademark, brand or patent protection and are trademarks or registered trademarks of their respective holders. The use of brand names, product names, common names, trade names, product descriptions etc. even without a particular marking in this work is in no way to be construed to mean that such names may be regarded as unrestricted in respect of trademark and brand protection legislation and could thus be used by anyone.

Cover image: www.ingimage.com

This book is a translation from the original published under ISBN 978-613-9-61315-1.

Publisher:
Sciencia Scripts
is a trademark of
Dodo Books Indian Ocean Ltd. and OmniScriptum S.R.L publishing group

120 High Road, East Finchley, London, N2 9ED, United Kingdom
Str. Armeneasca 28/1, office 1, Chisinau MD-2012, Republic of Moldova, Europe
Printed at: see last page
ISBN: 978-620-7-23455-4

A Dio per la sua fedeltà, l'illuminazione e il discernimento lungo il cammino, a cui va tutta la gloria. Vorrei anche dedicare questo lavoro alla mia famiglia, che mi ha dato molto sostegno e incoraggiamento per portarlo a termine.

RICONOSCIMENTI

Nel corso della mia carriera accademica ho affrontato molte sfide, che si sono sommate a esperienze che non possono essere espresse solo a parole. Le notti sono state lunghe e molte lacrime sono state versate, ma tutto è stato compensato dall'apprendimento. In questo periodo si sono intrecciati legami di amicizia e di ammirazione. Per questo motivo, vorrei ringraziare l'Università Federale della Frontiera Sud (UFFS) per la grande opportunità, in particolare il Pro-Rettorato di Estensione e Cultura (PROEC) per la borsa di studio messa a disposizione per il progetto Balseiros.

Esprimo la mia gratitudine alle persone speciali della mia vita, mia madre Ortenila Fatima Xirello Moreira, mio padre Valcir Telles Moreira e mio fratello Leonardo Telles Moreira, per tutto l'amore e la dedizione che mi hanno dimostrato. Ai miei genitori, il mio "grazie!" per l'esempio che avete dato attraverso valori e principi che saranno la mia migliore eredità, a voi che mi avete mostrato la strada giusta incoraggiandomi a dedicarmi agli studi e sostenendomi nelle mie decisioni e scelte professionali, grazie per il vostro sostegno nei momenti difficili, per la vostra pazienza con me e per la vostra comprensione nei momenti in cui ho dovuto dedicarmi esclusivamente agli studi. A mio fratello, in particolare, per avermi dato vitalità con la sua allegria, per avermi reso forte nei momenti in cui dovevo dimostrare abilità, per essere stato spesso mio allievo, con il quale ho acquisito maggiore esperienza e coraggio per continuare nel campo dell'educazione, soprattutto per l'abbraccio di un fratello. Vorrei ringraziare anche gli altri miei parenti, i padrini e i nonni. I miei nonni, devo ringraziarvi per aver condiviso le vostre esperienze e i vostri ricordi.

Grazie al mio compagno e migliore amico, Emerson Andre Silvestrin, che mi ha sostenuto per tutto il percorso, che non si è lasciato prendere dallo sconforto e che mi ha aiutato in tutto ciò di cui avevo bisogno. Grazie quindi per aver sempre creduto in me, per l'affetto, la pazienza e la capacità di darmi pace. In questo, ringrazio tutti coloro che fanno parte della mia vita e le mie amiche Fernanda Schumacher, Renata Scheffer, Ana Luiza Holldfer e Marina Perim Dambros per le gioie, i dolori e le sofferenze condivise.

E a tutti gli insegnanti del corso di Storia, riconosco che meritano molto più di un "grazie", voglio dire che prenderò un po' da ciascuno di loro per aver condiviso conoscenze e incoraggiamenti in ogni momento, ma soprattutto per aver sottolineato che il lavoro di un insegnante è molto più grande del semplice "insegnare". Al professor Delcio Marquetti, in particolare, vorrei dire grazie per aver indicato il germoglio di ciò che è arrivato a fornire questa ricerca, soprattutto per avermi guidato, aiutato e pazientato. Al professor Delmir Jose

2

Valentini, grazie per aver scommesso sul mio lavoro quando mi ha raccomandato per il progetto. Infine, vorrei ringraziare tutti coloro che hanno contribuito indirettamente a questa ricerca e alla mia formazione.

SOMMARIO

La religiosità popolare è uno dei temi principali di questo lavoro. Il problema si concentra sul contesto storico della regione di Campos de Palmas a cavallo tra il XIX e il XX secolo, in cui, dato lo scenario nazionale, si stava intensificando la colonizzazione del Paraná sudoccidentale, e sull'obiettivo generale della ricerca, che mira ad analizzare gli aspetti della religiosità popolare vissuti da parti della popolazione locale in un momento in cui la Chiesa cattolica stava investendo nella romanizzazione della religione. La fonte principale è un caso criminale del 1907, nato da un esorcismo nella città di Alegria, nel comune di Palmas-PR. Come parte della metodologia di ricerca, oltre all'analisi del caso penale, sono stati aggiunti ritagli giornalistici della stampa scritta che commentano l'accaduto, promuovendo così un dialogo attraverso l'incrocio delle fonti. Attraverso la conoscenza della microstoria e l'uso della microanalisi, è stato possibile approfondire il contesto, avvicinandosi alla vita quotidiana delle persone coinvolte nel caso per comprendere le loro esperienze religiose.

Parole chiave: Religiosità popolare; cultura del caboclo; Campos de Palmas.

SOMMARIO

1. INTRODUZIONE

In alcuni periodi storici, molte manifestazioni e pratiche religiose popolari furono etichettate dalla stampa scritta come fanatismo. Con il titolo "Crimine e fanatismo a Palmas", il giornale *A Republica di* Curitiba *del* 20 marzo 1907[1], denunciava un omicidio avvenuto di recente nella comunità di Alegria, nell'interno del distretto di Palmas/PR. Il giornale prosegue affermando che: "Subordinata alle vistose epigrafi di Monge Custodio, una donna viene carbonizzata", sottolineando che l'accaduto, l'omicidio di una donna di nome Eogenia Maria Balbina, era avvenuto perché era stata sottoposta a pratiche religiose, tra cui la cacciata dei demoni, da un individuo comunemente noto come Anjo Custodio, assistito da qualcun altro.

Avvenuto agli albori del regime repubblicano, circondato da discorsi di progresso e politiche di sviluppo, il crimine, definito "barbarico", è stato il risultato di una pratica di esorcismo[2] ed è stato persino ripreso da altri giornali dello Stato[3].

Il caso è stato indagato dal Tribunale di Palmas e ha dato origine a un procedimento penale, che viene utilizzato in questo lavoro come principale fonte di analisi, insieme alle fonti giornalistiche citate, che si riferiscono alle ripercussioni del reato secondo le posizioni dei loro redattori.

Le condizioni in cui è avvenuto l'omicidio mostrano un insieme di contraddizioni tra i presupposti dei dibattiti positivisti che hanno sostenuto la creazione della giovane Repubblica e la realtà vissuta da parti della popolazione, in questo caso lontane dai grandi centri urbani.

Considerato lo scenario nazionale, in cui si intensificava la colonizzazione di questa regione, che in seguito sarebbe diventata il Paraná sud-occidentale e Santa Catarina occidentale, il presente lavoro si propone di analizzare gli aspetti della religiosità popolare vissuti da alcune parti della popolazione locale in un momento in cui la Chiesa cattolica stava investendo nella romanizzazione della religione, ossia nell'imposizione del cattolicesimo ufficiale e tridentino. Inoltre, altri due obiettivi sono

---

[1] **La Repubblica**. Anno XXII, n.66. Curitiba, mercoledì 20.03.1907. p. 2. Disponibile all'indirizzo: <http://memoria.bn.br/DocReader/docreader.aspx?bib=215554&pasta=ano%20190&pesq=crime%20e%20fanatismo>. Acceduto il: 07 apr. 2016.

[2] Non si tratta di un esorcismo effettuato dalla Chiesa ufficiale, ma del risultato di credenze e pratiche popolari.

[3] Altri due giornali che hanno diffuso la notizia del crimine e delle persone coinvolte: Monge Custodio. **Le Notizie**. Anno III, n.416. Curitiba, mercoledì 20.03.1907. p. 1-2. Disponibile all'indirizzo: <http://memoria.bn.br/DocReader/docreader.aspx?bib=187666&pasta=ano%20190&pesq=>. Consultato il: 07 apr. 2016; e **O Commercio**. Ano II, n. 94. Curitiba, mercoledì 17.03.1909. p. 2-3. Disponibile all'indirizzo: < http://memoria.bn.br/DocReader/docreader.aspx?bib=304948&pasta=ano%20190&pesq=>. Acceduto il: 07 apr. 2016.

perseguitati: uno è quello di problematizzare l'uso dei documenti giudiziari come fonti per la ricerca in Storia; l'altro è quello di analizzare il trattamento riservato dalla stampa dell'epoca a un crimine derivante dalla pratica dell'esorcismo.

La ricerca utilizza quindi il processo penale in cui indaga i fattori condizionanti per comprendere i punti di una società, sia in senso economico, politico, sociale o, più enfaticamente, culturale. Il processo si svolse tra il 1907 e il 1909. Analizzando nel dettaglio questa fonte, nella prospettiva della microanalisi, inaugurata da storici come Giovani Levi e Carlo Ginzburg, è possibile comprendere diversi aspetti di quella società, "catturati" tra le righe delle testimonianze.

Per quanto riguarda la microanalisi, l'approccio microscopico all'oggetto di studio, possibilità metodologica inaugurata dagli storici sopra citati nelle loro opere di microstoria, l'opera *Il formaggio e i vermi,* una delle più note, scritta da Carlo Ginzburg, tratta dell'immaginario di un mugnaio - e della società in cui viveva - sottoposto al Tribunale dell'Inquisizione nell'Italia del XVI secolo. L'autore esplora gli aspetti culturali di quel contesto, che portarono alla conclusione che "[...] un'indagine che all'inizio ruotava intorno a un individuo, soprattutto a un individuo apparentemente fuori dal comune, finì per portare a un'ipotesi generale sulla cultura popolare." (GINZBURG; 2006, p. 10). Nel caso qui analizzato, si tratta di analizzare gli aspetti della cosiddetta cultura popolare, con particolare attenzione agli elementi di religiosità.

Qui non stiamo solo studiando le interfacce di un individuo, ma stiamo usando le fonti per capire il contesto sociale e culturale in cui è inserito. Carlo Ginzburg problematizza che "[...] di tanto in tanto le fonti, così dirette, portano l'individuo molto vicino a noi: è un uomo come noi, è uno di noi. Ma è anche molto diverso da noi". (GINZBURG; 2006, p. 9). E considerando analiticamente questa differenza possiamo "[...] ricostruire la fisionomia parzialmente oscurata della sua cultura e del contesto sociale in cui *è* stato plasmato". (GINZBURG; 2006, p. 9, corsivo mio).

Pertanto, non si tratta solo di comprendere un individuo, ma i significati della società - quando si studia l'individuo principale della ricerca, è necessario comprendere altri elementi dell'epoca (sociali, culturali, politici, religiosi), in altre parole, si sta studiando anche un vasto segmento della società a cavallo tra il XIX e il XX secolo.

Per Giovani Levi, si tratta di una metodologia "[...] basata essenzialmente sulla riduzione della scala di osservazione, sull'analisi microscopica e sullo studio intensivo del materiale documentario" (1992, p. 136). Per l'autore, "l'osservazione microscopica [rivela] fattori precedentemente non osservati" (LEVI, 1992, p. 139).

L'eredità immateriale di Giovani Levi ci chiede di riflettere sul rapporto tra norme e pratiche, tra individui e gruppi, inseriti in un contesto sociale. L'opera si concentra sulla vita del vicario parrocchiale Giovan Battista Chiesa e pone l'accento sull'ambiente sociale, sulle condizioni e sui contesti in cui erano inseriti i membri della comunità di Santena, una piccola città situata nello Stato del Piemonte, nell'Italia del XVII secolo.

Già nel primo capitolo, Levi affronta il percorso del sacerdote come esorcista, placatore dei "mali dello spirito" e la sua attività di guaritore. Successivamente, oltre alla figura dell'esorcista, l'autore esemplifica il caso di tre famiglie e presenta lo scenario in cui si svolgevano le strategie familiari, i codici di convivenza e il loro comportamento nell'ambiente, evidenziando le consuetudini delle pratiche di sopravvivenza della comunità, le incertezze e le insicurezze dell'epoca.

La scelta dell'individuo e lo studio dello scenario ci permettono di comprendere la complessa rete di relazioni e la molteplicità degli spazi e dei tempi che essa intreccia. In altre parole

> [...] anche in una società profondamente gerarchica, con meccanismi di successione dei ruoli e dello status sociale largamente predeterminati attraverso forme di inserimento generalizzate, c'è spazio per personalità imprenditoriali e per dinamiche che esprimono una forte capacità di innovazione e di rottura (LEVI, 2000, p. 176).

Considerato l'apparato storico che circonda il crimine attraverso lo studio della microanalisi[4] , si capisce che le società presentano problemi complessi. Infatti, studiando il crimine e i soggetti coinvolti - sia dal lato della magistratura, che conduce il processo investigativo, sia dai soggetti direttamente coinvolti, imputati, vittime e testimoni - il ricercatore si trova a dover affrontare altri ambiti di conoscenza per comprendere il proprio oggetto di studio, la temporalità e il contesto sociale che lo circonda. È qui che risiede la ricchezza del lavoro.

È inoltre importante chiarire che la fonte della ricerca è stata indicata in un primo

---

[4] Sempre sullo studio della microanalisi, abbiamo l'opera organizzata da Jacques Revel, *Giochi di scala: l'esperienza della microanalisi*. In quest'opera, l'autore riunisce sette saggi, il suo itinerario sui dibattiti storiografici, l'idea di cultura e di culture nella storiografia, gli usi e gli abusi della cultura popolare nella storiografia, oltre a discutere le tensioni tra storia e memoria. Sebbene tutti questi saggi siano collegati tra loro da una discussione sugli sviluppi della storia della storiografia in Francia, è possibile individuare immediatamente la varietà dei temi proposti nei testi. Questo lavoro propone un cambiamento di scala dal micro al macro in relazione ai temi della storia. Nei capitoli: *Ripensare la microstoria?* l'autore Eduardo Grendi riflette sul nuovo "stile" della preposizione di scala; e in *Sulla scala nella storia* l'autore Bernardi Lepetit discute il metodo spiegando il caso di studio, oltre a sostenere un'ispirazione più qualitativa dell'oggetto. (REVEL, 1998. p. 1-178).

momento dal consulente e, con la dovuta analisi effettuata sotto i dettagli del caso criminale, si è immaginato di attraversare il tema della religiosità popolare nei suoi diversi aspetti, esperienze e pratiche.

Per quanto riguarda la fonte che consideriamo principale o centrale in questa ricerca, il fascicolo penale non è un fascicolo lungo - rispetto ad altri casi penali della stessa epoca e di epoche diverse - ma ha 127 pagine. È scritto a mano - la forma organizzativa adottata nel periodo. Inoltre, contiene varie strutture solitamente presenti nei casi penali, come: l'indagine della polizia, l'esame forense, l'elenco dei testimoni, il verbale delle domande all'imputato, la dichiarazione, il verbale di qualificazione, le relazioni (del pubblico ministero, degli avvocati difensori e del giudice) e la sentenza. Data questa struttura, è importante chiarire la pluralità di discorsi presenti nel processo[5] , poiché è legato a varie istituzioni, le più frequenti delle quali sono: i sistemi di pubblica sicurezza, i settori giudiziari e il dipartimento medico.

Pertanto, per lavorare con i casi penali come fonti, è necessario avere chiari due passaggi principali per qualsiasi indagine su questi documenti: "a) le tensioni e le lotte che si instaurano nel contesto delle articolazioni intrinseche alle logiche procedurali, istituzionali e legali; b) i complessi processi sociali che si 'materializzano' nei documenti e sono soggetti a interpretazione" (ROSEMBERG; SOUZA, 2009, p. 169). Queste due interpretazioni dovrebbero essere effettuate gradualmente nel corso della ricerca.

L'intenzione dell'indagine non è quella di cercare di produrre una verità accusando o punendo un individuo, e nemmeno di sostenere che tutto sia solo una montatura. Se seguissimo questo approccio, tutto non sarebbe altro che una finzione, con individui che interpretano personaggi e influenzano l'esito del crimine. È anche impossibile scoprire, in un caso penale, "quale sia stato l'evento reale". Il compito è completamente diverso.[6]

I procedimenti penali sono utilizzati come fonte primaria nel tentativo di ricostruire i fatti e interpretare il passato, attraverso i discorsi delle persone coinvolte, *trascritti nel* fascicolo del processo. L'indagine passa attraverso le registrazioni dei discorsi di soggetti appartenenti a diversi gruppi sociali, che si ritrovano nella costruzione del processo, in quanto costituiscono ricchi momenti di dialogo tra gli agenti storici (giudici, pubblici ministeri, agenti di polizia, testimoni di diversa estrazione e con diversi livelli di istruzione e condizioni economiche). Va notato che, nel riportare le registrazioni dei discorsi presenti nel caso, è stata mantenuta l'ortografia dell'epoca. Così, gli episodi trascritti nei procedimenti, in questo caso di origine

---

[5] Caso di appello penale   . Imputato: Custodio Ferreira Soares e altri. Anno 1907. Numerazione originale: 527. Tribunale Superiore di Giustizia dello Stato del Paraná. Palmas/PR. In seguito indicato in forma semplificata come **Caso penale 527**.
[6] Sulle diverse intenzioni di giudici e storici, si veda GINZBURG, Carlo. L'inquisitore come antropologo: un'analogia e le sue implicazioni. **Microstoria e altri saggi**. Lisbona: DIFEL; Rio de Janeiro: Bertrand Brasil, 1991

penale, portano una maggiore ricchezza di dettagli e complessità di una realtà storica.

Oltre al procedimento penale come fonte principale, abbiamo utilizzato anche fonti giornalistiche che si riferiscono alle ripercussioni del crimine, che ci forniscono informazioni per ricostruire il caso. Si tratta di giornali tratti dalla collezione digitale del sito web dell'Hemeroteca Nacional Digital[7] , in cui, nel riportarli, è stata mantenuta anche l'ortografia dell'epoca. Il primo è il quotidiano *A Republica* con il testo "Crimine e fanatismo a Palmas", pubblicato il 20 marzo 1907. Il secondo è il quotidiano *A Noticia* con il testo "Monge Custodio - Mulher carbonizada: mulheres e creangas queimadas", pubblicato anch'esso il 20 marzo 1907. Entrambi i giornali fanno riferimento a un articolo del quotidiano *O Palmense, che ha* pubblicato l'incidente il 4 marzo dello stesso anno. Inoltre, *O Commercio* menziona gli sviluppi del caso in pubblicazioni del 17 marzo 1909.

Analizzando la conduzione/costruzione del processo, possiamo vedere come la magistratura costruisce le "verità"[8] , classificando gli individui e inserendoli in determinate etichette, come pazzi, delinquenti, criminali, ecc. Le fonti possono quindi aiutarci a scoprire il comportamento di una massa squalificata o di un segmento escluso, e ci permettono di osservare i flussi che guidano i soggetti, la società e gli interessi di chi è coinvolto, o di analizzare le regole della convivenza e della vita quotidiana.

È una sfida stimolante cercare di indagare l'istituzione o i gruppi a cui appartengono gli agenti, "svelare il velo istituzionale e offuscare i truismi normativi che puntano a una visione semplicistica della polizia, dell'agente di polizia e del suo rapporto con la popolazione, è una delle possibilità aperte a noi" (ROSEMBERG; SOUZA, 2009, p. 171).

Il fascicolo penale è stato analizzato in modo approfondito ed euristico, tracciando innanzitutto un profilo socio-economico delle persone coinvolte nel caso. Abbiamo poi analizzato le dichiarazioni degli imputati, delle vittime e dei testimoni, accedendo a informazioni che ci permettessero di ricostruire i fatti, confrontandoli con i resoconti giornalistici. Inoltre, abbiamo cercato di individuare in questi discorsi, ridotti in forma scritta - cioè trascritti nel fascicolo del caso, sotto qualche forma di intervento da parte del cancelliere - in modo particolare, i discorsi che questi soggetti utilizzavano nelle spiegazioni che davano dei fatti, i modi in cui vivevano la loro vita quotidiana, permeata da credenze, rituali e rappresentazioni mentali che ci permettono di svelare il loro universo culturale, soprattutto negli aspetti del loro rapporto con il sacro, che qui chiamiamo religiosità. La nostra lettura dei documenti si è svolta in costante dialogo con la storiografia che si occupa della formazione della

---

[7] Disponibile all'indirizzo: <bndigital.bn.br/hemeroteca-digital/>. Accesso in data: 30 maggio 2016.
[8] Cfr. la tesi *"Matem que eu respondo!"*: soldati e immigrati polacchi nella Zona Strategica del Paraná (a cavallo tra il XIX e il XX secolo), sottotitolo 3.4: "A fabula judiciaria" (MARQUETTI, 2015, p. 144-150).

regione nei suoi aspetti più diversi, nonché dei temi che permeano la cultura caboclo locale e l'avanzata del cosiddetto cattolicesimo ufficiale.

L'incrocio delle fonti giudiziarie con i testi dei giornali, oltre ad aiutarci a ricostruire i fatti, ci permette anche di riflettere sulle ampie visioni di queste pratiche religiose, dirette dalla stampa dell'epoca, che rivelano anche il modo in cui i segmenti alfabetizzati del tempo interpretavano queste pratiche.

La ricerca è stata strutturata in due capitoli. Nel primo capitolo è stato necessario conoscere la regione in cui è avvenuto il crimine, analizzandola nei suoi vari aspetti economici, politici e sociali, con l'obiettivo di comprendere il contesto socio-economico del Paraná sud-occidentale a cavallo tra il XIX e il XX secolo. Sono stati considerati anche gli attributi che coinvolgono i soggetti storici che, nel corso del processo criminale, sono stati incorporati, esaminando anche le questioni di colore e la vita sociale (lavoro e istruzione) di ciascun gruppo.

Il secondo capitolo affronta i tentativi di instaurare nella regione un cattolicesimo ufficiale che, invece, era l'opposto delle esperienze religiose vissute da una parte della popolazione, soprattutto con l'obiettivo di individuare le pratiche di religiosità popolare tra le popolazioni caboclo del Paraná sud-occidentale. A tal fine, l'analisi prevede di indagare i discorsi contenuti nelle deposizioni rese da testimoni di diversa origine, livello di istruzione e condizione economica che, nel raccontare l'accaduto, registrano un confronto di informazioni e apportano elementi importanti per comprendere le esperienze religiose vissute. Questi elementi includono: gli strumenti utilizzati (medicine, erbe, bastoni, code di armadillo, rosari, candele); i rituali (il battesimo e l'esorcismo stesso); l'immaginario del monaco come unità religiosa e sociale.

2. UN CRIMINE NEI CAMPI DI PALMAS NEL 1907

Il secondo giorno di marzo 1907, nella località chiamata Alegria, su un terreno appartenente alla Fazenda da Cruz, che all'epoca distava cinque leghe da Palmas-PR, gli imputati Custodio Ferreira Soares e Manoel Antonio Ferreira bruciarono la donna Ignacia Trindade e le bambine Maria Angela, Biliana e Lourenga. Il principale atto criminale degli accusati è stato il "barbaro" pestaggio della donna Eogenia Maria Balbina con bastoni di mela cotogna e code di armadillo. Utilizzando un fazzoletto, l'hanno asfissiata fino alla morte e poi hanno tenuto il suo funerale in segreto, con la sola presenza della comunità locale.

Il quotidiano *A Republica* di Curitiba descrive le circostanze dell'accaduto. In esso si sottolinea che gli autori del crimine erano "[...] due di quei miserabili sfruttatori della credenza umana, i cui vagabondaggi nei nostri retroterra sono comunemente noti come monaci"[9] , e che "[...] il Messia è un vivace caboclo di nome Anjo Custodio che era accompagnato da un altro individuo, il suo accolito, Anjo Custodio.] il Messia è un vivace e intelligente caboclo di nome Anjo Custodio che era accompagnato da un altro individuo, il suo accolito, Manoel Antonio"[10] , diffondendo il suo credo, che il giornale definisce "[...] fanatismo estremo senza la minima traccia di moralità, che affascina gli ingenui con promesse di salvezza eterna attraverso pochi profitti"[11] .

La vittima principale era "[...] una povera famiglia di caboclos, gente semplice con uno spirito sempre pronto a lasciarsi trasportare dalle assurde credenze di questi profeti sertanejos"[12] , e per convincere la donna Eogenia Maria Balbina e suo marito, Custodio avrebbe mostrato "[....] una treccia di capelli e chicchi di mais che aveva preso dal corpo di un'altra donna (!), che era miracolosamente scampata alle caldaie di Pero Botelho[13] per sua intercessione"[14] . Dopodiché, Custodio convinse Eogenia che aveva "[...] il diavolo in corpo e che solo lui sarebbe stato in grado di toglierlo da lei, rimandandola immediatamente nel regno delle tenebre, ma aveva bisogno che la donna posseduta dal demonio si sottoponesse a una dura espiazione"[15] . Per questo motivo, la "[...] sfortunata sertaneja, convinta della sua sventura [...] si rassegnò alla prova che le sarebbe stata applicata dal monaco Custodio. Questo fanatico, avendo

---

[9] **La Repubblica**. Anno XXII, n.66. Curitiba, mercoledì 20.03.1907. p. 2.
[10] Ibidem, p. 2.
[11] Ibidem, p. 2.
[12] Ibidem, p. 2.
[13] L'espressione "Caldeira de Pedro Botelho" era usata nel linguaggio popolare per indicare l'inferno.
[14] **Le notizie**. Anno III, n.416. Curitiba, mercoledì 20.03.1907. p. 2.
[15] Ibidem, p. 2.

ha ridotto l'eugenetica a questo livello di passività e obbedienza"[16] , e la sessione di trattamento ebbe inizio.

Così, le pratiche religiose applicate furono avviate con una medicazione per "[...] la delicata operazione di estrazione del demone morto, con forti dosi di tartaro somministrate alla sventurata. Ma il demone non uscì, ed Eugenia, sentendosi sfinita dagli effetti del terribile drastico, cadde inane su un letto".[17] . Approfondiremo più avanti questo aspetto della medicina, si tratta di una sostanza utilizzata per alcuni disturbi.

Poi, il "[...] mostruoso caboclo, sentendo risvegliarsi i suoi istinti bestiali, afferrò due dei suoi figli e li gettò nel fuoco che ardeva nella cucina della casa, bruciando barbaramente gli innocenti". Questa scena "[...] si svolse sotto gli occhi del padre dei bambini, il quale, addolorato per la sorte dei suoi figli e più vigliacco, pregò in ginocchio l'inquisitore di non ucciderli"[18] . Qui si nota la pressione del giornale nel descrivere la situazione di disagio del padre, peggiorandola ulteriormente.

In questa occasione, la casa di Eogenia era già piena di gente e arrivò anche la moglie del suddetto Manoel Antonio Ferreira, Ignacia Maria da Trindade. "[...] quando lo vide, il monaco le disse che anche lei aveva il diavolo in corpo e che per salvarla era necessario sedersi nel fuoco, cosa che Ignacia fece immediatamente, provocandosi ustioni sulle natiche e sulle mani, anche se nega di avere le stesse ustioni"[19] . Ma "Ignacia non voleva più passare attraverso le fiamme purificatrici, così prese due creanghe, Angela e Bibiana, quest'ultima di quattro mesi, e con le prime due furono bruciate anche loro"[20] . In questo estratto, possiamo identificare altre vittime che furono sottoposte a pratiche religiose.

La sessione non finisce qui. Il già citato "[...] monaco cominciò a pregare. Eugenia, in preda al delirio, si alzò e andò in cucina, dove suo cugino Manoel, armato di una coda di armadillo, diede alla sventurata un duro colpo su richiesta dell'Angelo Custodio"[21] . Dopo averla picchiata con la coda di armadillo "[...] il monaco mandò a prendere dei bastoni di marmello e per sei ore lui e Manoel picchiarono duramente la povera peccatrice"[22] . Oltre alle percosse, Eogenia fu trattenuta "[...] dalle due (ere e fatta passare attraverso il fuoco". Infine, l'ultimo metodo applicato fu "[...] un fazzoletto che Manoel portava con sé fu passato al collo di Eugenia

[16] **La Repubblica**. Op. Cit. p. 2.
[17] Ibidem p. 2.
[18] Ibidem p. 2.
[19] Ibidem p. 2.
[20] Ibidem p. 2.
[21] Ibidem p. 2.
[22] Ibidem p. 2.

fino a quando non esalò l'ultimo respiro di vita"[23] , e questa procedura corrobora con l'Autos do Corpo de Delito di Eogenia, che la sua morte fu causata da strangolamento - evidenziando anche le abrasioni sul suo corpo.

Il fatto è venuto a conoscenza della polizia il 4 di questo mese, cioè solo due giorni dopo, quando il corpo di Eogenia è stato sepolto - secondo i redattori del giornale, il corpo era insepolto, forse a indicare che la sua sepoltura non era stata ufficializzata (davanti alla Chiesa). Il commissario di polizia, accompagnato dal cancelliere e da tre agenti, si recò quindi sul posto per rimuovere il corpo e fare delle indagini. In seguito, il corpo fu inviato per essere esaminato dai dottori Moreira Sampaio e Jocelin Bahll, e alle quattro del pomeriggio Eogenia Maria Balbina fu sepolta. Secondo gli stessi giornali e la circolazione delle informazioni sull'evento, la sua sepoltura sarebbe stata molto affollata.

La notizia dell'incidente è circolata nella regione di Palmas e nella capitale del Paraná. Per riportare il crimine e le sue circostanze, mercoledì 20 marzo due giornali di Curitiba hanno pubblicato la loro visione del crimine, facendo riferimento al giornale locale di Palmas, *O Palmense,* che aveva riportato il caso il 9 marzo. Per l'epoca, i testi pubblicati dai due giornali erano lunghi, con opinioni incisive sul fatto e contenenti espressioni forti, riferendosi a monaco Custodio come dotato di un "istinto bestiale"[24] ; "miserabili sfruttatori della credenza umana" o "questo fanatico"[25] .

In questo senso, i giornali (nell'ottica della stampa scritta) sono analizzati a fondo come fonti al di là dei procedimenti penali riportati, e nel corso della ricerca si discutono le espressioni trascritte nei loro testi. Ora, per quanto riguarda l'intenzionalità di ciascun giornale come fonte, non si analizza la formazione teorica e/o filosofica degli scrittori, né si pone maggiore enfasi - per quanto necessaria - sulle posizioni politiche o apolitiche dei responsabili dei giornali di Curitiba-PR, tanto meno su quale pubblico sia diretta la loro diffusione. Si può ipotizzare che diversi giornali di quel periodo fossero di proprietà di membri della comunità giuridica, alcuni dei quali giudici e procuratori[26] .

Come abbiamo visto, il quotidiano *A Republica* ha pubblicato un lungo testo sul caso, senza indicare l'autore e con il titolo "Crimine e fanatismo a Palmas", applicando in modo

---

[23] **La Repubblica**. Op. Cit. p. 2.
[24] Ibidem p. 2.
[25] **Le notizie**. Anno III, n.416. Curitiba, mercoledì 20.03.1907. p. 1.
[26] Si consiglia la lettura del sottocapitolo 5.2.1: "La costruzione dei fatti/verità in ambito civile" della tesi di dottorato di Delcio Marquetti, in cui anche i membri della magistratura erano parte del processo decisionale degli interessi politici ed economici della regione. Anche l'avvocato Joao Manoel da Cunha Sobrinho, che difese gli imputati Manoel e Custodio (quest'ultimo solo nella seconda sessione della giuria), è riconosciuto da Marquetti, in cui riporta l'influenza di Joao Manoel da Cunha Sobrinho, che fu insegnante di prime lettere a Palmas e partecipò politicamente come assistente alle questioni dei limiti territoriali tra Santa Catarina e Paraná, oltre a essere un membro della comunità giuridica. (MARQUETTI, 2015. p. 228239).

incisivo il rapporto, esplicitando la propria indignazione per il crimine e usando frasi come *"scene tragiche* e ripugnanti*"[27]*. Inoltre, critica bruscamente le credenze e le pratiche popolari, additandole come "fanatismo".

Anche l'altro giornale che circola a Curitiba, *A Noticia, ha* scritto un lungo pezzo, redatto dal giornalista Antonio R. de Macedo, intitolato "Monge Custodio - mulher carbonizada: mulheres e creangas queimadas" (Monaco Custodio - donna carbonizzata: donne bruciate e creanghe), e fa riferimento al giornale *O Palmense nel* corso del servizio in modo più chiaro. Si può vedere il loro canto quando citano Custodio come "colui che è stato inviato da Dio, per la remissione dei peccati e per la salvezza eterna delle anime ribelli"[28], quindi possiamo problematizzare la visione dei letterati sull'accaduto.

Questo crimine ha attirato la nostra attenzione per molti aspetti, soprattutto se prendiamo in considerazione alcuni dei parametri ricorrenti nei crimini, come: il grado di violenza considerando il crimine stesso, il profilo della vittima o dell'autore (o degli autori), le ragioni che hanno portato all'atto, le conseguenze del fatto o le circostanze che hanno portato al crimine. Per questo motivo, il crimine ha attirato l'attenzione ed è diventato oggetto di ricerca per l'unicità delle circostanze in cui si è verificato.

Il crimine combina violenza psicologica - la vittima Eogenia è stata costretta a confessare di avere uno spirito maligno in corpo, oltre a essere stata indotta a bruciare la propria figlia; successivamente è stata costretta a ingerire due dosi di tartaro - e violenza fisica, come le percosse con bastoni di mela cotogna e code di armadillo, subite da Eogenia e Ignacia, e lo strangolamento con il lengo (Eogenia). Le vittime (tre bambini e due donne) furono costrette a passare attraverso il fuoco e riportarono ustioni su tutto il corpo.

Sul profilo delle vittime: Eogenia Maria Balbina (vittima della morte), una donna, di colore (come è stata indicata dal pubblico ministero e da alcuni testimoni), non sapeva né leggere né scrivere e non è stato indicato alcun lavoro - molto probabilmente era una custode della casa, o più popolarmente, una casalinga -; Per quanto riguarda Ignacia Maria da Trindade, moglie del secondo imputato, Manoel Antonio Ferreira, il suo profilo non è stato dettagliato, né nell'identificazione iniziale, né nel rapporto della polizia, né tantomeno riportato dai testimoni o dai pubblici ministeri, ma è noto che non sapeva né leggere né scrivere e non è stata indicata alcuna professione/lavoro.

Consideriamo anche i tre bambini[29] che compaiono nel casellario giudiziario: due di

---

[27] **La Repubblica**. Op. Cit. p. 2. Enfasi dell'autore.
[28] **Le notizie**. Op. Cit. p. 1.
[29] Il giornale *A Republica* avrebbe indicato quattro figli. In questo estratto, il giornale menziona i due figli di Eogenia: "[...] il monaco allora, con il suo istinto di bestia, prese due figli di Eugenia e li gettò tra le fiamme di un

loro, Maria Angela e Biliana (di quattro mesi) sono figlie di Ignacia, e l'altra è Lourenga, figlia di Eogenia. Si sa anche che Eogenia aveva un'altra figlia di nome Palmira, che è stata brevemente citata nel caso come vittima, di cui hanno parlato anche i giornali, anche se non è stata fatta alcuna indagine forense.

Per quanto riguarda il profilo degli autori del crimine, il principale responsabile è Custodio Ferreira Soares, comunemente noto come Anjo Custodio e indicato dai testimoni come monaco e guaritore. Non aveva un indirizzo fisso, ma viveva nella zona da circa un anno, a casa di Fortunato Caetano. Per quanto riguarda la sua professione o il suo sostentamento, è stato identificato come un contadino. Il secondo accusato, Manoel Antonio Ferreira, marito della vittima Ignacia Maria da Trindade e padre dei figli Maria Angela e Balbina. Secondo i testimoni, era un uomo tranquillo e non aveva mostrato segni di violenza fino a quel momento. Viveva nella zona da quando era nato e aveva anche dichiarato di essere un agricoltore, che considerava una professione o uno stile di vita.

Dobbiamo anche considerare il profilo dei testimoni. Nel corso del processo, dodici persone sono state chiamate a esprimere la loro posizione sul caso, ma abbiamo il resoconto di dieci testimoni, tre dei quali hanno deposto due volte. I testimoni mancanti erano: Clemencia Maria Bitta (madre dell'accusato Manoel) e Fortunato Caetano (che offrì alloggio all'accusato Custodio). È importante notare che il padrino della vittima Eogenia e compadre dell'accusato Manoel, Benedicto Manoel Antonio, Brandina (sposata con Joao Belarmino) e Domingos Ferreira, secondo i testimoni, hanno assistito all'evento, o ne erano a conoscenza, ma non sono stati chiamati a deporre.

Utilizzando i dati e le informazioni aggiuntive fornite dalle persone che hanno testimoniato, anche se solo brevemente, è possibile scoprire qualcosa di più sui loro profili. È possibile identificare le caratteristiche dei gruppi sociali, osservare la regione di provenienza, conoscere lo stile di vita o la professione, verificare l'età, l'istruzione e così via.

Per una migliore visualizzazione, ecco una tabella contenente le informazioni di cui sopra.

Tabella 1: Dettagli delle persone coinvolte al momento del crimine e di altri testimoni:

Nome	Ruolo assegnato nel processo	Età	Stato civile	Naturalezza	Professione	Può leggere/scrivere
Custodio Ferreira Soares	Reu	30	Singolo	Paranà	Agricoltore	No
Manoel Antonio Ferreira	Reu	24	Sposato	Palmas-PR	Agricoltore	No
Eogenia Maria Balbina	Vittima	-	-	-	-	-

incendio"; e in un altro brano si parla di due figli della vittima Ignacia, dicendo che il monaco "[...] prese due figli, Angela e Bibiana". **La Repubblica**. Op. Cit. p. 2. Tuttavia, gli autos de corpo delito dicono che i figli erano tre, e se analizziamo le testimonianze di tutti i testimoni, quelli che riportano questo episodio parlano solo di una figlia di Eogenia e non di due come nei giornali.

Maria Angela	Vittima	4	Singolo	-	-	-
Biliana	Vittima	-1	Singolo	-	-	-
Lourenga	Vittima	-	Singolo	-	-	-
Ignacia Maria da Trindade	Vittima/Test	22	Sposato	Palmas-PR	-	No
Joanna Balbina Ferreira dos Santos	Testimone	45	Sposato	Palmas-PR	-	No
Joao Soares Branco	Testimone	30	Vedovo	Paranà	Agricoltore	No
Francisco Jose de Lima	Testimone	40	Singolo	Paranà	Agricoltore	No
Joao Francisco Belarmino	Testimone	28	Singolo	SC	Agricoltore	No
Joao Bernardo de Oliveira	Testimone	40	Sposato	SC	Agricoltore	No
Maria da Gloria Ferreira	Testimone	20	Sposato	Palmas-PR	-	No
Pedro Ferraz dos Santos	Testimone	58	Singolo	Palmas-PR	Agricoltore	No
Ignacia Fagundes da Silva	Testimone	49	Sposato	Paranà	Dipendente comunale	Sì
Tristao Jose de Araujo	Testimone	56	Sposato	Paranà	Dipendente comunale	Sì

Fonte: Caso n. 527. Preparato dall'autore.

Il quadro generale dei testimoni è il seguente: quattro sono donne e sei uomini; la maggioranza ha un'età compresa tra i 20 e i 40 anni, con due persone che superano i 50; lo stato civile dei testimoni, tra uomini e donne, è il seguente: sei sono sposati, tre sono celibi (tutti uomini) e uno è vedovo (il marito della vittima Eogenia). Tutti i testimoni sono residenti nel comune di Palmas, quattro dei quali sono nati nel comune stesso e altri quattro sono stati identificati solo come nati nello stato di Paraná. Altri due provengono dallo Stato di Santa Catarina.

Sempre considerando il profilo dei testimoni, cinque di loro si definivano contadini (tutti uomini), due erano impiegati comunali e tre non menzionavano alcuna occupazione (tutte donne) - probabilmente "assistenti domiciliari", cosa che all'epoca non era considerata una professione o un mezzo di sostentamento. Oltre a queste considerazioni, solo due dei testimoni sapevano leggere e scrivere (impiegati comunali).

Un altro parametro in relazione alle circostanze di tali pratiche religiose, evidenziato nella ricerca, è il fatto che l'imputato principale, Custodio Ferreira Soares - per motivi personali o religiosi - stava eseguendo una procedura spirituale (pratica religiosa) che riteneva necessaria per liberare la vittima da uno spirito maligno che, a suo dire, abitava il suo corpo. Inoltre, il parametro dell'ingegnosità o dell'originalità dell'atto è uno dei punti principali dell'opera. Così, l'atto criminale fu giustificato dal suo autore principale (e da alcuni testimoni) come il risultato di una pratica che combinava elementi di religiosità e medicina popolare.

Va inoltre ricordato che le ripercussioni del caso hanno avuto un impatto anche sulla città di Palmas, poiché anche le persone che non erano direttamente coinvolte nel crimine hanno fatto le loro ipotesi sull'accaduto. Vediamo le dichiarazioni di due testimoni, residenti a Palmas e impiegati comunali. Ignacia Fagundes da Silva testimonia

17

> [...] che è a conoscenza del fatto, non perché ne sia stato testimone, ma perché nessuno in questa città ignora che gli imputati sono in arresto per aver ucciso una donna di colore all'inizio di marzo, dopo averla picchiata duramente per rimuovere il demonio che, a loro dire, aveva in corpo, e per aver bruciato due bambine che portavano ancora le cicatrici delle bruciature, figlie dell'imputato Manoel per lo stesso motivo.[30]

In altre parole, il testimone afferma che la città era a conoscenza di quanto era accaduto, anche perché gli accusati erano in carcere e per le circostanze del crimine. Il motivo dell'arresto degli imputati, secondo il testimone, è stato l'omicidio di una donna "nera" dopo averla picchiata per liberarla dal male che l'aveva "posseduta", e hanno anche bruciato due bambini (i figli dell'imputato Manoel) per un motivo religioso. Per non parlare della figlia di Eogenia, anch'essa bruciata all'epoca.

Un altro punto interessante sulle ripercussioni del crimine in città è venuto dalla testimonianza di Tristao Jose de Araujo, che ha detto di non conoscere l'accusato, ma di essere a conoscenza del caso perché era pubblico in città. Il testimone ha detto

> [...] di essere venuto a conoscenza del fatto perché era pubblico in questa città che gli accusati (uno dei quali si faceva chiamare Monk) avevano ucciso una donna nera di nome Eogenia, a poche leghe da questa città, asfissiandola con un lucchetto da fuoco, e che avevano anche bruciato alcuni criangas, non so quanti, sapendo che non erano morti. Gli è stato chiesto se conoscesse gli accusati e cosa stessero facendo. Ha risposto che non li conosceva e non poteva dire nulla sul loro comportamento. [...] ha visto quando gli imputati sono stati arrestati in questa città e che, come ha già detto, sa per sentito dire che gli imputati hanno ucciso congiuntamente Eogenia.[31]

Verificando alcuni dettagli contraddittori nelle dichiarazioni dei testimoni, soprattutto sul numero delle vittime e sulle circostanze, possiamo notare che l'evento ha avuto un forte impatto sulla città e ha coinvolto l'intera comunità, perché il crimine è diventato "pubblico", provocando speculazioni.

Inoltre, ci sono due punti che la testimonianza di Tristao Jose de Araujo non trascura: quando ha indicato l'origine della vittima principale riferendosi a lei come "nera"; e quando ha affermato che uno degli imputati si faceva chiamare Monge, ma non ha menzionato il suo nome. Così, quando il giudice ha dato la parola agli imputati, nessuno di loro - soprattutto Custodio - ha contestato la dichiarazione di Tristao, non difendendosi (a differenza di quanto accade in tutte le dichiarazioni che lo citano come monaco). Questi punti saranno discussi e analizzati separatamente nel corso dei capitoli.

---

[30] Caso penale 527, f. 51.
[31] Ibidem, f. 69.

Indipendentemente dal fatto che ci si definisca o meno monaci, si lavora attraverso l'immaginario basato sulle credenze di individui destinati a soffocare i mali della vita quotidiana. Questo rapporto è ciò che influenza l'intero studio, che si occupa di pratiche religiose tratte dalla religiosità popolare. Si passa così dalla comprensione del contesto della regione, identificando il gruppo sociale a cui si riferisce, alla comprensione di come vengono vissute queste esperienze di religiosità popolare.

2.1 PALMAS A CAVALLO TRA IL XIX E IL XX SECOLO

I Campos de Palmas erano considerati una regione fertile e ricca, molto contesa, con conseguenti conflitti economici, politici e sociali. Queste dispute non erano solo regionali, all'interno dei confini del Brasile. Anche l'Argentina rivendicava parte del territorio, dando origine alla questione di Palmas o *Missiones*.

Questo perché gli argentini erano interessati a occupare questo territorio per due motivi: la richiesta economica legata all'agricoltura e il consolidamento dei confini con il Brasile. Così, l'occupazione dei Campos de Palmas divenne essenziale, e secondo Ruy Wachowicz

> L'esistenza dei giacimenti di Palmas, all'interno del territorio ricercato dall'Argentina, spaventò il governo brasiliano. [...] Si sviluppò allora tra le autorità imperiali brasiliane l'idea che fosse urgente occupare i giacimenti di Palmas prima che lo facessero gli argentini. Chi avesse occupato i territori contesi, cioè la parte che aveva l'uti *possidetis,* avrebbe vinto la causa e annesso il territorio (WACHOWICZ, 1985, p. 14).

Dopo la fine della Questione di Palmas, anche gli Stati di Paraná e Santa Catarina si scontrarono sulla zona, che divenne nota come Contestada. In seguito, la contesa coinvolse anche la Compagnia Ferroviaria San Paolo - Rio Grande (1908) e altre istituzioni. Di seguito è riportata una mappa che mostra la regione che comprendeva i Campos de Palmas durante il periodo in questione:

Mappa 1 - Campi di Palmas - 1908

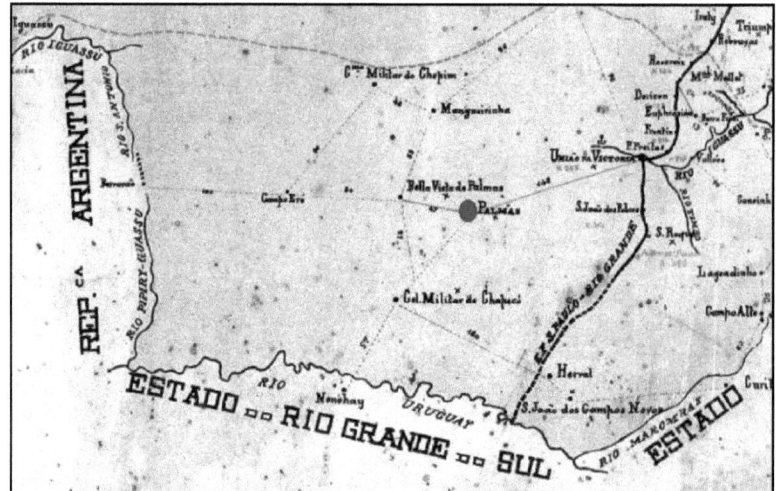

Fonte: ITCG. Disponibile all'indirizzo: <http://www.itcg.pr.gov.br/arquivos/livro/mapas_itcg.html>. Acceduto il: 22 giugno 2016 (ritaglio). Adattato dall'autore.

Nel corso del XIX secolo, una strategia politica spinse la provincia di San Paolo a dare priorità alla questione. Secondo Daniele Weigert, nel 1837 "[...] il governo provinciale creò la Companhia de Municipais Permanentes, una versione provinciale della Junta Real, il cui scopo era quello di colonizzare e sfruttare i Campi di Palmas" (WEIGERT, 2010, p. 16), aumentando l'interesse per l'occupazione della regione di Palmas, motivo per cui furono organizzate spedizioni da Guarapuava a questo scopo[32] .

Paulo Pinheiro Machado si riferisce a queste spedizioni come segue: "[...] la prima spedizione fu costituita come una compagnia organizzata da José Ferreira dos Santos, con 25 proprietari terrieri che si impegnarono a occupare le loro terre con il bestiame nel primo anno" (MACHADO, 2007, p. 3). La seconda spedizione di colonizzazione, composta da 7 proprietari terrieri, era diretta alla parte più meridionale del Campos de Palmas (LAGO, 1987, p.74).

---

[32] Daniele Weigert illustra le spedizioni effettuate nella regione di Palmas. Due spedizioni arrivarono a Campos de Palmas nel 1839. "Le dispute iniziali tra le bandeiras per il diritto di conquista furono attenuate dalla presenza di padre Ponciano Jose de Araujo, e ben presto iniziarono a raccogliere e introdurre animali", il che portò alla conclusione di sottoporle alla decisione di arbitri, che scelsero il capitano Domingos Indcio de Araujo e il guardiamarina Jose Caetano de Oliveira, che dichiarò di avere problemi di salute e di essere arrivato a Campos de Palmas solo nel 1841. Così, questi arbitri "separarono le terre delle due compagnie, con quella di Pedro de Siqueira Cortes che rimase a ovest della lastra chiamata Caldeiras e quella di Jose Ferreira dos Santos a est". (WEIGERT, 2010, p. 14).

Nel 1853, per motivi politici, la regione si staccò dal legame con San Paolo, poiché "[...] 5ª Comarca de Sao Paulo divenne la Provincia do Parana". (WEIGERT, 2010, p. 19). Solo più tardi, nel 1895, la questione di Palmas fu decisa da un arbitrato, affidato al presidente americano Grover Cleveland, che vinse la causa a favore del Brasile, sotto la protesta dell'Argentina. Palmas copriva allora un'area di 539 km, comprendente gli Stati di Rio Grande do Sul, Santa Catarina e Paraná.

Anche se la regione era considerata Campos de Palmas, fu denominata ed elevata a diverse categorie (da villaggio a comune) da varie legislazioni[33] . Una di queste, il 13 aprile 1877, con la Legge Provinciale n. 848, la Parrocchia di Palmas fu elevata alla categoria di Vila[34] e di conseguenza divenne un Comune autonomo (LAGO, 1987, p. 77).

Questo processo può essere meglio compreso se si guarda all'ambiente istituzionale jundico, in cui le Comarcas di Boa Vista e Palmas furono create con la Legge n. 586 del 1880 e poi soppresse con la Legge n. 717 del 1882, che comprendeva i Comuni di Palmas e Uniao da Vitoria. Il Distretto di Palmas svolgeva un ruolo importante nei tribunali, poiché fino a quel momento tutti i procedimenti legali e i rinvii si svolgevano attraverso Palmas. Questo perché molte contee furono create successivamente, come quella di Clevelandia, creata ufficialmente nel 1927 (PASSOS, 2010. p. 115).

Dal punto di vista economico, fino all'inizio del XX secolo, praticamente tutto lo Stato aveva una produzione basata su prodotti primari - soprattutto di origine estrattiva - e successivamente dedicata all'allevamento e ai prodotti agricoli. La regione interna di Palmas aveva un'economia più strettamente legata all'agricoltura o addirittura alla campagna. Secondo Danieli Weigert, la "[...] colonizzazione delle regioni interne del Paraná rappresentò l'espansione dell'allevamento del bestiame da parte degli agricoltori già insediati, da Campos Gerais a Guarapuava e poi a Palmas". (WEIGERT, 2010, p. 16).

Ma fino alla fine del XIX secolo, le regioni occidentali e sud-occidentali del Paranà erano considerate periferiche, o almeno non fortemente integrate con le regioni più dinamiche

---

[33] Per meglio comprendere le leggi che hanno elevato Palmas a varie categorie, Lourdes Lago ne elenca alcune: il 28 febbraio 1855, con la Legge n. 22 dell'Assemblea Legislativa della Provincia di Paraná, Palmas fu elevata alla categoria di Parrocchia; il 13 aprile 1877, con la Legge n. 484 dell'Assemblea Legislativa della Provincia di Paraná, Palmas fu elevata alla categoria di Città, con il nome di "Città del Senhor Bom Jesus da Coluna dos Campos de Palmas"."Solo il 14 aprile 1879 fu effettivamente istituita la città di Senhor Bom Jesus da Coluna dos Campos de Palmas; con la legge n. 586, del 16 aprile 1880, Palmas fu elevata a termine giudiziario, che fu soppresso e poi, nel 1889, ripristinato con la legge n. 986, del 2 novembre; e infine, il 18 novembre 1896, Palmas fu elevata a Comarca, con la legge n. 233". (LAGO, 1987, p. 72-77).

[34] Inoltre, "[...] le norme e le procedure per l'istituzione della nuova città furono emanate dal dottor Rodrigo Otavio de Oliveira Menezes, presidente della Provincia. L'atto di insediamento spettava al Consiglio Comunale di Guarapuava e avvenne il 14 aprile 1879". (LAGO, 1987, p. 77).

del Paese, secondo coloro che amministravano lo Stato. E questo "isolamento"[35] potrebbe essere spiegato dalla mancanza di una struttura stradale, in cui era possibile raggiungere queste regioni solo attraverso il fiume Paranà. Ci furono incentivi e iniziative che guardarono alla regione in altri modi, cercando di colonizzarla con l'ingresso di immigrati motivati dai discorsi del regime repubblicano. Era anche un periodo in cui la Chiesa cattolica si sforzava di stabilire una religione in linea con le sue dottrine.

Per quanto riguarda l'incentivo religioso nella regione, Lourdes Lago spiega che la creazione della parrocchia di Palmas iniziò ancor prima dell'arrivo delle due bandiere colonizzatrici nel Campos de Palmas e "[...] è legata al nome di padre Ponciano Jose de Araujo, che divenne il primo sacerdote responsabile degli uffici religiosi e dei primi registri della nuova città" (LAGO, 1987, p. 75). Così, la responsabilità religiosa[36] per i primi registri civili ricadde su padre Ponciano tra il 1838 e il 1843, anche se i registri ufficiali della Curia di Palmas risalgono al 1843, già di competenza di padre Manoel Chagas.

Vale la pena notare che all'inizio del XX secolo la parrocchia di Palmas fu affidata a sacerdoti francescani che, secondo Paulo Diel, "[...] quasi tutti provenienti dalla Germania, erano impregnati dell'ideale della riforma" (DIEL, 2001, p. 100) e sostenevano l'istituzione di un cattolicesimo ufficiale che si opponesse alle pratiche prevalenti della religiosità popolare.

A quel tempo, poiché la Chiesa era responsabile della redazione e del controllo dei registri civili, concordiamo con Lourdes Lago che "[...] è difficile separare il religioso dal politico, soprattutto perché, fino alla Proclamazione della Repubblica del Brasile, la Chiesa era responsabile dei registri civili. Inoltre, praticamente tutti gli atti politici erano legati alla Chiesa" (LAGO, 1987, p. 77). Per questo motivo, si può notare che politica e religione andavano di pari passo in questo senso.

La religione non era legata solo alla politica, ma anche all'economia. Lo si può vedere quando la religione cattolica è stata associata all'implementazione, per tutto il XX secolo, di una logica di produzione di surplus, nel contesto della colonizzazione delle terre di Palmas (poi

---

[35] L'idea dell'isolamento della regione è controversa tra gli storici, poiché Palmas è interconnessa con i   contesti regionali e nazionali   , sia dal punto di vista politico che, soprattutto, economico.

[36] Per quanto riguarda i cambiamenti dei responsabili, sacerdoti e vicari, Lourdes Lago fa un'attenta analisi della permanenza di ciascuno. Tra questi, spiccano i seguenti: il   primo fu padre Ponciano Jose de Araujo;   il secondo fu padre Manoel Chagas, che fu sostituito nel 1843; padre Jose Antonio Camargo e Araujo come suo sostituto, che rimase fino al 1852; poi padre Joaquim Goncalves Pacheco rimase fino al 1854; poi, quando Palmas fu elevata alla categoria di parrocchia, fu nominato il primo vicario incaricato, con i poteri di una vara, padre Francisco Xavier Pimenta, che mantenne l'incarico fino al 1863, quando andò a Cleveland; dopo la partenza di padre Pimenta per Clevelandia, la cappella di Palmas fu curata da padre Dionisio Corsano, che rimase fino al 1870; successivamente padre Jose Bilbao servì come vicario fino al 1878; padre Achille Saporiti rimase fino al 1903, quando i francescani presero in mano la parrocchia; ma fu padre Saporiti a rimanere a Palmas più a lungo. "Fu anche testimone e responsabile di importanti cambiamenti ed eventi politici e religiosi nella comunità di Palmas" (LAGO, 1987, p. 76).

configurate come Santa Catarina occidentale e Paraná sudoccidentale) portata avanti da Gauchos discendenti da immigrati europei, soprattutto italiani, tedeschi e, in misura minore, polacchi. Di conseguenza, il progetto di riforma della Chiesa sosteneva ideologicamente le relazioni produttive di quello che sarebbe stato poi definito capitalismo agrario (un dibattito che si intensificò in seguito) per imporre la sua riforma, e viceversa, poiché la religione era necessaria per sostenere l'egemonia sociale (DIEL, 2001, p. 100), interagendo così come una strada a doppio senso.

Questo progetto idealizzò questa popolazione di discendenti europei come soggetto ideale, emarginando i caboclo e sostenendo l'espropriazione economica e culturale. Secondo Paulo Diel "[...] la riforma creò una possibile base per la fondazione di alcuni principi inerenti [al successivo discorso del] capitalismo" (DIEL, 2001, p. 100), in quanto operò una riformulazione dei costumi e mirò ad assorbire il modello di sviluppo, basato sull'affermazione dell'uomo come soggetto produttivo e religioso.

Se guardiamo più da vicino, la stessa creazione delle parrocchie[37] e, più tardi, delle diocesi, fu un tentativo della Chiesa cattolica di controllare le manifestazioni religiose o il cattolicesimo popolare o rustico, come veniva chiamato (vedi sotto), nel tentativo di promuovere la "vera religione". Quando guardiamo alle esperienze religiose, come nel caso qui analizzato, vediamo contraddizioni nel discorso stesso della modernità e dell'ordine che permeava la fine del XIX secolo e il XX secolo, sia quello proclamato dalla Chiesa che quello dello Stato.

Le relazioni tra la Chiesa e il nuovo regime all'epoca erano piuttosto instabili e spesso tese. Per comprendere meglio questo conflitto, Boris Fausto analizza la complessa situazione creatasi con la Proclamazione della Repubblica, in cui l'episcopato brasiliano, se da un lato poteva portare la salvezza dai problemi, dall'altro era considerato una minaccia (FAUSTO, 2006, p. 351). La Chiesa accolse con favore la Repubblica perché l'aveva liberata dal pesante giogo a cui era stata sottoposta fino ad allora a causa del sistema clientelare, in cui il governo interferiva anche negli affari della Chiesa. Ma il Decreto n. 199-A del Governo Provvisorio del 17 gennaio 1890[38] abolì il padroado e stabilì un sistema di separazione tra Chiesa e Stato in Brasile.

Con l'instaurazione del Regime Repubblicano nel 1889, divenne chiaro che in questa nuova prospettiva era necessario utilizzare strumenti normativi standardizzati, ma i cambiamenti avvennero più nella sfera politica che nell'amministrazione pubblica, che comprendeva la sanità

---

[37] Secondo Paulo Fernando Diel, le parrocchie organizzate come modelli ecclesiastici cercavano di monopolizzare i beni della salvezza, provocando l'esclusione religiosa dei caboclos. (DIEL, 2001).
[38] Disponibile all'indirizzo: <http://www.planalto.gov.br/ccivil_03/decreto/1851-1899/d119-a.htm>. Acceduto il: 10 aprile 2016.

e l'istruzione. La Repubblica, già nelle sue fasi iniziali, lasciò una profonda impressione dell'ideale di progresso grazie ai suoi progetti di modernizzazione del Brasile. Così, il movimento repubblicano, con i suoi discorsi positivisti, cercò di inserire la popolazione in un modello di civiltà, per cui gli abitanti delle città e, soprattutto, dell'interno del Paese, furono considerati "arretrati". [39]

A seguito di questi discorsi incoraggianti, la regione di Palmas ricevette flussi migratori da diversi ambiti e, conoscendo le nuove persone che vi soggiornarono e comprendendo le ragioni del loro arrivo, è possibile fare collegamenti sulla loro cultura, sull'ambiente sociale e politico e su questa "miscegenazione culturale". Per dare un'idea, la stragrande maggioranza delle persone emigrate nella regione tra il 1840 e il 1879 - quasi tutte - erano di origine portoghese-brasiliana o loro discendenti. La stragrande maggioranza di questi proveniva dagli Stati vicini, comprese le regioni dello stesso Paranà, mentre quelli provenienti da altri Stati e direttamente dall'estero erano meno numerosi (LAGO, 1987, p. 85).

In altre parole, la popolazione di Palmas è stata incorporata attraverso vari flussi migratori. Guardando all'arrivo di questi immigrati da altre regioni del Brasile, possiamo citare Lourdes Lago:

> La popolazione di Palmas è condizionata dall'immigrazione, inizialmente dei bandeirantes, conquistatori e colonizzatori della regione. A questo gruppo si sono aggiunti i tropeiros, provenienti da altre province. Rio Grande do Sul, Santa Catarina e San Paolo, oltre agli abitanti del Paraná che continuarono a venire a Palmas (LAGO, 1987, p. 134).

Grazie ai registri della parrocchia di Palmas, è possibile identificare l'origine di molti degli sposi che si stabilirono nella regione. Così, Lourdes Lago utilizza questi registri per fare un'analisi statistica e indica che ci fu un afflusso dovuto a interessi economici, come il movimento del tropeirismo. Così, a Palmas non arrivarono solo persone dal sud del Paese, ma anche quelle "[...] da São Paulo, soprattutto dalle regioni legate alle rotte delle truppe, la Estrada das Missoes e la Viamao- Sorocaba" (LAGO, 1987, p. 86). 86), che può essere analizzata in termini di diversi fattori, come il clima, il rilievo e la vegetazione[40] (STRAUBE, 2007, p. 46),

---

[39] Per il dibattito sui primi anni della Repubblica brasiliana, i suoi discorsi e la sua storicità, si veda FAUSTO, Boris. Historia geral da civilizagao brasileira: tomo III: **o Brasil republicano**. v.2. Rio de Janeiro: Bertrand Brasil, 2006. Il libro affronta due temi principali tra il 1889 e il 1930: la struttura del potere e dell'economia e la società e le istituzioni. Si consiglia inoltre la lettura dell'opera di Carlos Henrique Armani, che riflette sui discorsi positivisti e riformati della fine del XIX secolo. ARMANI, Carlos Henrique. **Discorsi della nazione:** storicità e identità nazionale in Brasile alla fine del XIX secolo. Porto Alegre: EDIPUCRS, 2010. 160 p.
[40] Kelly Straube presenta innanzitutto le condizioni climatologiche della regione, privilegiando il tropeirismo come "sistema socio-economico". L'autrice sottolinea che "Palmas, ad esempio, si trova nell'esteso campos limpos, una steppa di erbe basse, con capozzi e foreste a galleria lungo i ruscelli e i fiumi. È la città più fredda dello Stato

nonché le materie prime e la disponibilità di manodopera.

Secondo Kelly Straube "[...] il tropeirismo è una formazione sociale la cui base è rappresentata da un'attività economica". (STRAUBE, 2007, p. 52). Vale la pena notare che il commercio di tropei, come veniva chiamato, era una soluzione a problemi urgenti, sia economici che politici, nonché l'intenzione di popolare e articolare la regione meridionale del Brasile, che riforniva altre regioni del Paese. Inoltre, per il tropeirismo, "[...] la vegetazione dei Campos ha sempre permesso il pascolo del bestiame, mentre l'approvvigionamento di persone avveniva attraverso l'agricoltura caboclo su piccola scala nella regione forestale" (STRAUBE, 2007, p. 47), con questa attività che costituiva uno dei fondamenti dell'economia della regione.

A partire dal 1880 cominciarono a comparire altri elementi, provenienti da altri Stati brasiliani e persino dall'estero. Considerando che Palmas faceva parte dell'area contesa tra Brasile e Argentina, la regione ricevette un gran numero di immigrati polacchi. Fu "[...] a partire dal 1850 che cominciarono ad apparire persone provenienti dall'estero, soprattutto polacchi e italiani [...] si nota la presenza di tedeschi, argentini, paraguaiani, tra gli altri". (LAGO, 1987, p. 134). Questo può essere identificato dagli edifici non portoghesi della città di Palmas, dall'immigrazione di polacchi, tedeschi e italiani. Non bisogna dimenticare altri gruppi minori, come gli olandesi, i francesi e gli svizzeri. Tutti questi condivideranno la loro influenza, la loro manodopera e la loro terra nella regione.

2.2 CARATTERISTICHE DEI GRUPPI SOCIALI COINVOLTI NEL CASO E DELLE LORO RELAZIONI SOCIO-CULTURALI

Oltre alla popolazione migrata da altre parti del Paese, agli immigrati o ai loro discendenti, non si può non menzionare in questo insieme di soggetti gli schiavi (che alla fine del XIX secolo furono liberati e cominciarono a identificarsi come ex-schiavi) portati a lavorare nelle fattorie, gli indigeni e i caboclos. Anche la loro cultura, espressa in religiosità, oralità, credenze, abitudini e rituali, convergeva a formare le caratteristiche socioculturali della regione.

Per conoscere meglio questi gruppi sociali, citiamo Lourdes Lago che, analizzando "[...] il tasso di natalità della popolazione libera di Palmas, si è imbattuta in situazioni diverse, ovvero figli legittimi, naturali e indigeni". (LAGO, 1987, p. 138). Le considerazioni dell'autore evidenziano la realtà della miscegenazione che si verificò in quel luogo.

Vediamo più da vicino le caratteristiche generali di questi gruppi:

Il contributo degli indigeni, ad esempio, era di grande valore per la popolazione di

---

del Paraná e la seconda per altitudine sul livello del mare" (STRAUBE, 2007, p. 46). Per questo motivo, le truppe hanno seguito le condizioni degli ambienti che hanno attraversato, sperimentando la varietà dei paesaggi del sud del Paese, in particolare la dualità tra i Campos e le Matas.

Palmas (LAGO, 1987, p. 139), soprattutto come aiuto nella lavorazione della terra. Tuttavia, la mancanza di statistiche sul numero di indigeni è giustificata dalla difficoltà di censirli e dal fatto che non erano considerati cittadini con diritti e dignità. Ci furono continui massacri e denunce di uccisioni di indiani, come in tutto il Paese.

La popolazione nera deriva dall'afflusso di schiavi liberati con la Legge del Grembo Libero (1871) e la Legge Aurea (1888). Sebbene il numero di neri non fosse così elevato rispetto ad altre regioni, possiamo pensare a un contingente significativo di questa popolazione a Palmas, che, nonostante tutta l'esclusione subita, ha segnato anche il paesaggio umano e sociale.

Per quanto riguarda la popolazione caboclo, Lourdes Lago afferma che i costumi dell'epoca "[...] rendevano possibile a bianchi, neri e indigeni avere relazioni al di fuori del matrimonio, dando origine alla popolazione meticcia, chiamata 'cabocla', in Brasile e nella regione." (LAGO, 1987, p. 139). In questo senso, va sottolineato che "essere un caboclo" in queste regioni può assumere caratteristiche diverse da altre regioni del Brasile. Inoltre, la sua definizione non si limita alle questioni etniche.

Inoltre, il caboclo ha subito un'espropriazione culturale ed economica quando l'immigrato europeo è stato proiettato come soggetto ideale. Questa preferenza ha causato una forte discriminazione, accusando il caboclo di essere ignorante, arretrato, promiscuo e fanatico, diventando prigioniero della sua stessa condizione, un discorso che ha portato a un ampio processo di emarginazione ed esclusione (DIEL, 2001, p. 101).

Dobbiamo fare attenzione a trattare questi gruppi sulla base di un'idea di unità o omogeneità, poiché ci sono una serie di caratteristiche - soprattutto culturali - che li differenziano, proprio come tutti gli altri gruppi sociali, etnici o nazionali. È un aspetto su cui Arlene Renk ci invita a riflettere perché, secondo l'autrice, "[...] se c'è una differenza tra i gruppi, è perché essa è costituita, ha una storia, è apparsa in un certo momento [...]" (RENK, 2000, p. 95), e che non possiamo non identificare. L'interesse non è quindi quello di delimitare differenze profonde tra i gruppi, che potrebbero assumere un tono classificatorio, di "superiore" o "inferiore", come facevano i discorsi pseudo-scientifici del XIX secolo, ma piuttosto di individuare caratteristiche che, nel tempo, possono cambiare, ma che comunque fanno parte della storia di ciascuno, e che ci aiutano nel compito di districarci in questo universo socio-culturale-religioso locale.

È comune pensare ai gruppi sociali sopra descritti, o a qualsiasi altro, come se fossero staticamente costituiti, che non ci siano cambiamenti nella loro cultura, esseri a-storici e gruppi omogenei, come se fossero stati naturalmente "questo" o "quello", senza contare che ci sono variazioni e rotture (MARQUETTI; SILVA, 2015, p. 112). Per questo motivo, la cultura è intesa come qualcosa di completo e dinamico, in quanto è in un costante processo di (ri)creazione.

In altre parole, se utilizziamo l'idea di identità offerta da Delcio Marquetti e Juraci Silva, ciò che chiamiamo identità è "[...] la percezione dell'esistenza di 'noi', di ciò che ci differenzia dagli altri e ci rende, in teoria, 'unici', avviene solo in contrasto con la presenza di altri soggetti, 'loro'." (MARQUETTI; SILVA, 2015, p. 112). Queste considerazioni evidenziano un circolo di difficoltà che si concentra sul tentativo di non incasellare gli individui in categorie etno-socioculturali prestabilite. Altrimenti, queste etichette racchiudono questi gruppi in se stessi, negando la loro originalità e storicità, impedendo di comprendere meglio i sistemi di organizzazione culturale e le realtà storiche.

Per riconoscere meglio le loro pratiche religiose, dobbiamo osservare più da vicino i soggetti coinvolti, soprattutto per quanto riguarda i loro aspetti socio-culturali. Questo include l'identificazione della loro origine (etnica o sociale), del modo di vivere, della scolarizzazione e di alcuni aspetti della loro cultura, soprattutto per quanto riguarda la religiosità.

Quindi, se pensiamo alla questione del colore[41], dell'etnia e della definizione dei gruppi sociali, alcuni dettagli o questioni sono importanti da sottolineare. La percezione di Lourdes Lago durante la ricerca dei registri delle nascite ha individuato una differenziazione poco chiara tra madre "mulatta" o "media" (LAGO, 1987, p. 139). Questa mancanza di definizione o di percezione sulla questione del colore o della carnagione etnica delle persone è stata osservata quando abbiamo analizzato l'origine etnica delle principali persone coinvolte nel processo.

Pur sapendo che ciò che realmente "[...] separa i gruppi o le comunità etniche non sono i confini biologici, ma quelli sociali"[42], questa analisi dei soggetti coinvolti nel crimine qui analizzato era necessaria. Cominciamo con il considerare l'identificazione etnica data alla vittima principale, Eogenia Maria Balbina, caratterizzata come "nera", il che è probabilmente dovuto alla presenza di schiavi nella regione.

Analizzando il quotidiano *A Republica,* risulta che la famiglia della vittima era di origine caboclo:

La *vittima* era una povera famiglia di caboclos, gente semplice e sempre *pronta*

---

[41] Sulla questione del colore, un dibattito che permeava gli intellettuali europei e brasiliani a metà del XIX secolo, consigliamo due letture in cui, oltre a trattare la questione del colore che circonda il soggetto schiavo e la schiavitù in senso storiografico, nel caso di Mariza Soares, la sua opera analizza anche la religiosità: SOARES, Mariza de Carvalho. **Devotos da cor**: identidade etnica, religiosidade e escravidao no Rio de Janeiro, seculo XVIII. Rio de Janeiro: Civilizagao Brasileira, 2000. 303 p.; e anche MATTOS, Hebe. **Das cores do silencio**: significado da liberdade no sudoeste escravista. Brasile, XIX secolo. Rio de Janeiro: Nova Fronteira, 1998. 379 p.
[42] Per questa spiegazione, Arlene Renk (2000, p. 95) ci dice che il confine sociale che differenzia i gruppi sociali tra le costituzioni costanti sono "[...] quelle create, ricreate, inventate e reinventate costantemente per sottolineare l'appartenenza a un gruppo e quelle che non lo fanno".

a farsi trascinare dalle assurde credenze di questi profeti sertanejos, credenze che si spingevano fino al fanatismo senza la minima traccia di moralità, affascinando gli ingenui con promesse di salvezza eterna per pochi soldi.[43]

Nel procedimento penale, la donna viene definita "nera", ma non è chiaro se fosse di origine nera o caboclo, tanto meno se la sua famiglia fosse composta da ex schiavi, dato che la regione aveva una popolazione liberata dalla Legge Aurea. E sì, c'è una distinzione cromatica profondamente radicata che merita di essere problematizzata. Questo perché, quando il giornale cita l'origine della famiglia come caboclo, può avere due significati: sia etnico che sociale, o anche con il termine "dtnico-sociale". Il termine "caboclo" è stato spesso utilizzato per indicare il povero abitante dell'interno, in gran parte risultato, in termini fisici, di un incrocio tra bianchi, indiani o neri.

Per quanto riguarda il principale imputato, Custodio Ferreira Soares, il quotidiano *A Republica* ci dà un'idea delle sue origini. Identificandolo come il "Messia", lo classifica come di origine caboclo: "[...] il Messia è un caboclo alto e intelligente chiamato Anjo Custodio che era accompagnato da un altro individuo, il suo *accolito,* Manoel Antonio Ferreira".[44] . In linea con i discorsi del governo repubblicano, il termine "furbo", attribuito al caboclo Custodio, traduce sottilmente la visione che l'élite bianca aveva di questi poveri a cui erano stati negati i diritti sociali, come si nota anche quando il giornale si riferisce alla famiglia della vittima con le espressioni "ingenua" e facilmente ingannabile. Questo è un riflesso del punto di vista razzista e discriminatorio così presente nella formazione della nazione brasiliana.

Sempre a proposito del termine "caboclo", esso è originario del dialetto indigeno e, nel tempo, è stato "aportuguesado"[45] . Il termine è stato originariamente utilizzato in relazione alla formazione sociale ed etnica dei lavoratori contadini brasiliani, per riferirsi a persone di razza mista di origine indigena e africana. Nel XIX secolo, l'approccio è stato utilizzato soprattutto da cronisti, scrittori e viaggiatori che cercavano di eroicizzare le persone nate nell'interno del Brasile. Tra il colonizzatore e l'indigeno, il "[...] caboclo acquisisce il significato, ancora oggi vivo, di uomo del sertao, caipira, roceiro" (CUNHA, 1978, p. 80).

Secondo il *Dicionario da terra*, organizzato da Marcia Motta, il termine caboclo ha

---

[43] **La Repubblica**. Op. Cit., p. 2.

[44] **La Repubblica**. Op. Cit., p. 2.

[45] Durante la colonizzazione del Brasile, nelle regioni del Nordest e dell'Amazzonia, le persone con tratti fisici e culturali e appartenenti alle classi rurali inferiori venivano chiamate, secondo il dialetto indigeno locale, *"caa-boc,* che significa 'preso o proveniente dalla foresta', o *ca-ab oca,* che significa 'uomo che ha la sua casa nella boscaglia'. A parole, quando venivano scritti, venivano sillabati". Venivano chiamati prima "caboroco(a)" e poi "caboclo(a)". (SILVA, 2010. p. 68-69).

avuto storicamente diverse rappresentazioni, suggerendo che il concetto non si limita a una versione legata all'etimologia, ma può essere discusso con rappresentazioni sociali.

> Per molto tempo ha avuto il significato peggiorativo di persona arretrata, ignorante, pigra e con cattive abitudini. In seguito, è passato a designare una persona proveniente dalla campagna, un campagnolo, furbo e poco istruito, forgiato da tratti fisici e da influenze culturali indigene e sociali provenienti dallo stile di vita urbano. In tempi più recenti, dopo essere arrivato a designare una parte significativa della popolazione [...], il significato peggiorativo si è dissolto e, in alcune situazioni, è arrivato a esprimere bellezze esotiche degli standard fisici di donne e uomini (la condizione sociale non è presa in considerazione in questo caso). (SILVA, 2010, p. 68).

Inoltre, se consideriamo gli scambi culturali tra questi individui considerati caboclos - per miscegenation e non solo per definizione o condizione sociale - con altri soggetti storici, ci porta anche a collaborare con la spiegazione di Silvio Simione da Silva, in relazione alla cultura caboclo, in cui "[...] sono stati indottrinati sotto la fede cattolica e la cultura e la lingua portoghese". (SILVA, 2010. p. 69). Ciò contribuisce notevolmente a comprendere l'esperienza religiosa vissuta dagli individui nel caso criminale, anche se sappiamo che le questioni religiose e culturali di questo gruppo sociale non sono in alcun modo precostituite, ma ci porta a indicazioni di confronto dovute ai rituali vissuti.

Per quanto riguarda l'altra possibilità di origine etnica e/o sociale di Eogenia, è noto che la schiavitù nera a Palmas era una realtà. Tuttavia, gli studi sulla schiavitù nella regione sono ancora recenti. Secondo Lourdes Lago, "[...] abbiamo solo i registri della diocesi di Palmas e qualche riferimento nella storiografia del Paraná e nelle relazioni dei presidenti provinciali (LAGO, 1987, p. 207). Le scoperte dell'autrice risalgono agli anni '80, quando ha svolto la sua ricerca di master. Oggi i ricercatori hanno utilizzato gli archivi della cancelleria penale e civile del Foro di Palmas, come i processi penali e gli inventari.[46]

Per quanto riguarda la fine della schiavitù e la campagna abolizionista, si può notare che a Palmas, nonostante le distanze spaziali - "l'isolamento" - i cittadini non erano così insensibili

---

[46]Si citano due studi recenti sulla schiavitù nella regione di Palmas-PR, analizzati in tempi diversi: MARTINS, Maria Claudia de Oliveira. **I figli del grembo libero**: Palmas/PR, 1871-1910. Monografia. UFFS, Chapeco, 2015. Questo studio si è proposto di indagare sui figli delle donne schiave che hanno "beneficiato" della legge 2.040 del 28 settembre 1871. La ricerca ha utilizzato una metodologia prosopografica, mappando e seguendo le traiettorie di vita degli *ingenui,* dalla nascita all'età adulta, incrociando fonti notarili, ecclesiastiche e giudiziarie; WEIGERT, Daniele. **Compadrio e familia escrava em Palmas, provincia do Parana (1843-1888)**. 150 f. Dissertazione (Master in Storia) Settore Scienze Umane, Lettere e Arti, Università Federale del Paranà. Curitiba, 2010. L'obiettivo di questo studio è stato quello di analizzare le possibilità di formazione e mantenimento delle famiglie di schiavi e le relazioni che queste mantenevano attraverso il clientelismo a Palmas, nella provincia di Paraná, tra il 1843 e il 1888. La ricerca si è basata sui registri parrocchiali dei battesimi e dei matrimoni e ha rilevato che le possibilità di unioni legittime erano limitate per la zona e che tra gli schiavi c'era un alto tasso di figli di genitori sconosciuti.

alla questione della schiavitù. Né erano disinformati su quanto stava accadendo sulla scena nazionale, poiché "[...] in questo periodo la campagna abolizionista era diffusa in tutto il Brasile" (LAGO, 1987, p. 208).

Per comprendere il declino della schiavitù negli ultimi decenni del XIX secolo, si utilizzano due leggi: La Legge Aurea, approvata il 13 maggio 1888, aveva lo scopo di liberare tutti gli schiavi in Brasile. Era stata preceduta dalla Legge del Grembo Libero, del 28 settembre 1871, che liberava tutti i bambini nati da genitori schiavi e proibiva il lavoro dei neri schiavizzati che non avevano raggiunto la maggiore età.

Tra la data della legge sul libero utero e il 1907, quando è avvenuto il crimine, c'erano trentasei anni di distanza. Ora, tra la data della legge sull'utero in affitto e la data del delitto, ci sono solo 19 anni. Quindi, se prendiamo le età delle persone coinvolte, in termini comparativi, dato che non abbiamo la stessa fascia d'età.

I registri non riportano l'età di Eogenia, che potrebbe essere un'ex schiava o una liberta, o una nata libera, secondo la legge del 1871.

Dalle testimonianze del processo sappiamo che la madre, Joanna Balbina Ferreira dos Santos, aveva 45 anni e il marito di Eogenia, Joao Soares Branco, 30 anni. Secondo la ricerca quantitativa di Lourdes Lago sui dati relativi all'età dei fidanzati o degli amanti e sull'età in cui di solito si sposavano, "[...] quello che abbiamo osservato è che le donne si sposavano prima degli uomini, e quasi sempre con uomini più anziani", e inoltre "per le donne, l'incidenza più alta era tra i 20 e i 25 anni, mentre tra gli uomini si verificava tra i 20 e i 30 anni" (LAGO, 1987, p. 116). Non è una regola, ma la maggior parte delle coppie dell'epoca non aveva grandi differenze di età, il che ci porta a pensare, secondo questo margine, che Eogenia potesse avere tra i 20 e 30 anni.

Possiamo anche rafforzare l'ipotesi dell'età di Eogenia in relazione ai suoi figli, se sono nati prima o dopo il matrimonio ufficiale, o solo in una relazione amichevole (che non merita molta attenzione su questo punto, ma se ci fosse una documentazione, sarebbe un altro indicatore che contribuirebbe a conoscere la sua età). Le figlie Palmira e Lourenga sono considerate minorenni. Nel fascicolo del caso, l'interrogato Manoel Ferreira[47] indica che una delle figlie della vittima non camminava ancora, il che fa pensare che fosse una bambina molto piccola.

Ci sembra molto ragionevole che se il termine "nero" viene utilizzato nel processo, significa che essi discendono più direttamente dagli schiavi. E anche che la miscegenazione tra i migranti/immigrati e la popolazione locale abbia dato origine al caboclo, quindi considerando

---

[47] Caso penale 527, f. 16v.

una mancanza di definizione nel colore della pelle, ciò che abbiamo come ipotesi più concreta è che il nome Eogenia possa essere associato al senso socioculturale quando ci si riferisce ad esso come di "origine" caboclo.

Continuando l'analisi degli aspetti socioculturali, considerando il loro stile di vita o la loro professione, questo ci aiuta a pensare al termine caboclo nella sua accezione socioculturale. Come ho già detto, le occupazioni citate predominavano tra quelle dei contadini (nel caso degli uomini), cioè delle famiglie contadine, numerose all'epoca, che riproducevano abitudini e pratiche tradizionali. Gli unici due testimoni un po' ignari di questa realtà sono stati gli impiegati comunali, che erano alfabetizzati e non seguivano direttamente l'accaduto - è frequente che le autorità giudiziarie richiedano testimonianze di persone che hanno sentito parlare dei fatti, attestando la loro "voce pubblica", cioè che si tratta di fatti noti a tutti.

Per riflettere su questo lavoro, dobbiamo rafforzare ciò che Lourdes Lago osserva e afferma, ovvero che ci fu un accaparramento di terre da parte degli allevatori "[...] come possiamo vedere, il movimento di truppe nelle campagne del Paraná fu intenso, giustificando perfettamente l'eredità di veri e propri palazzi nei ranch della regione" (LAGO, 1987, p. 51). (LAGO, 1987, p. 51), spiegando che, come attività economica, la regione si occupava di allevamenti, soprattutto di bestiame - ci sono persino molti casi penali nel Foro Penale del Distretto di Palmas di furti di bestiame nella regione (archiviati) che rafforzano questa idea.

Un altro modo di intendere lo stile di vita viene da Paulo Pinheiro Machado, che sottolinea come "a partire dalla metà degli anni Novanta del XIX secolo, si registrò una crescente presenza di famiglie di agricoltori e allevatori provenienti dall'altopiano e dalla regione delle missioni del sud del Rio Grande do Sul" (MACHADO, 2004. p. 10). Questo perché, oltre all'aspetto dell'esilio politico, come già discusso, i Campos de Palmas erano la continua frontiera dell'espansione, dal momento che i principali suoli della regione venivano appropriati dalle compagnie di colonizzazione per l'insediamento dell'immigrazione.

Non è necessario andare oltre in questo dibattito, poiché la constatazione dell'esistenza di una base di manodopera legata alle coltivazioni, alle aziende agricole e al leasing è discussa da tutti gli autori che studiano l'economia della regione in quel periodo. Per questo motivo, va sottolineato che gli individui coinvolti nel processo, che si definiscono agricoltori, potrebbero essere stati legati a terreni di proprietà di agricoltori o addirittura lavorare su piccole proprietà proprie.

Oltre a questi due punti socio-culturali già menzionati, analizzando il caso penale ci siamo imbattuti anche nella realtà di una statistica comune alla fine del XIX secolo e all'inizio del XX, in cui la maggior parte della popolazione non sapeva leggere e scrivere, aggiungendosi al tasso di analfabetismo del Paese. Questo è stato verificato quantitativamente attraverso i testimoni e le altre persone coinvolte, che hanno portato cifre che possono essere discusse storicamente. I due imputati e i dieci testimoni non sapevano né leggere né scrivere. Solo due dei testimoni sapevano leggere e scrivere e lavoravano come impiegati comunali.

Alla luce di queste considerazioni, si può notare che lo studio della cultura comprende tutti gli aspetti della realtà sociale, per cui le relazioni economiche, politiche e sociali non sono anteriori alle culture (MOREIRA; WOLLF, 2001, p. 169), né viceversa, né le determinano, ma sono parte del processo di identità culturale di un determinato gruppo. Pertanto, deve essere chiaro che la cultura non è qualcosa di chiuso e determinato; al contrario, i suoi aspetti sono soggetti a interrogazione e analisi, che cambiano e vengono (ri)inventati.

Come punto di fusione tra diverse aree, la religiosità degli abitanti di Palmas è stata sempre presente nella vita sociale, politica ed economica della regione. Ciò che risalta è che "[...] la stragrande maggioranza della popolazione originaria di Palmas era di origine portoghese, motivo per cui la Chiesa cattolica ha svolto un ruolo così importante nella vita della comunità" (LAGO, 1987, p. 223). L'eredità portoghese nella composizione della religiosità è quindi considerata, anche se non è l'unica, poiché il cattolicesimo popolare è stato plasmato anche dalla presenza di elementi di credenze e rituali africani e indigeni. Anche considerando che la predominanza del cattolicesimo è evidente non solo nei rituali religiosi, ma anche nei documenti di battesimo, si può ritenere che, per l'epoca, questo documento fosse una delle registrazioni ufficiali della "cittadinanza" di un individuo, motivo per cui è così importante.

Sempre secondo Lourdes Lago, tenendo conto che la maggioranza assoluta della popolazione era cattolica, il numero di persone di altre religioni era "molto ridotto e le poche che esistevano sono arrivate con l'arrivo degli immigrati europei nella regione, intorno al 1880" (LAGO, 1987, p. 82). Alcuni di questi immigrati si identificavano con la parte ortodossa del cattolicesimo.

Jael dos Santos, riferendosi al Campos de Palmas, sottolinea che "[...] ci fu l'inserimento dei francescani tedeschi, con l'assegnazione di altre congregazioni in seguito" (SANTOS, 2014, p. 45). In altre parole, si verificò quella che può essere identificata come una sorta di disputa per le anime, tra congregazioni cattoliche con statuti, pratiche e mfslicas alquanto diverse.

3 LA FUSIONE DELLE RELAZIONI CULTURALI: LA RELIGIOSITÀ IN PRIMO PIANO

Analizzando la condotta/costruzione del processo investigativo, possiamo vedere come la magistratura cerchi di classificare gli individui e di uniformarli in determinate etichette. Nel nostro caso, ci sono soggetti curiosi: uno di loro era popolarmente conosciuto come un monaco - accusato di aver compiuto atti barbarici durante la sua cura; e il suo assistente, che fino a quel momento, secondo i testimoni, era un buon cittadino che non mostrava atti violenti - è stato assolto a causa di un'esplosione psicologica. Così, attraverso le fonti, possiamo osservare i flussi che muovono i soggetti, la società e gli interessi delle persone coinvolte, e che ci permettono persino di analizzare le regole della vita quotidiana.

In questo capitolo, osserviamo da vicino i discorsi delle persone coinvolte nella costruzione delle verità che si scontrano e competono nel tentativo di stabilire la versione finale dei fatti, in particolare gli imputati, le vittime e coloro che sono stati testimoni oculari dell'accaduto. Ci interessano anche gli altri agenti (giudici, pubblici ministeri, polizia, avvocati) che, indirettamente, hanno finito per far parte del dramma, nella misura in cui hanno assunto il ruolo di investigatori.

Un documento giudiziario può essere un ricco momento di dialogo tra agenti storici e fornirci una serie di dettagli per problematizzare questa complessa rete di relazioni. In certi momenti, persone ignare della routine di questa popolazione contadina entrano nelle loro vite, chiamandole a esporre i loro dilemmi e le loro miserie, e contribuendo così al ricercatore, interessato a queste complessità della vita quotidiana. Di natura diversa, i giornali dell'epoca, già citati, descrivono questo universo a modo loro, e in qualche modo scrutano anche la vita dei soggetti che ci interessano. In quanto tali, anche questi agenti della magistratura, redattori e giornalisti, sono di nostro interesse, in quanto interpretavano la vita e le azioni degli indagati.

È chiaro che le relazioni sociali tra i gruppi cambiano nel tempo. Questo perché i codici culturali di una società, di una comunità o semplicemente di un gruppo sono definiti dalla processualità delle relazioni sociali tra di loro, dando origine a forme varie e complesse. In altre parole, si tratta di una coesione tra la simultaneità delle esperienze individuali e sociali quotidiane delle persone che interagiscono tra loro. Per questo motivo, una società non può essere definita come qualcosa di misurabile, ma piuttosto intesa come qualcosa di mutevole e costituito dalla coesistenza sociale dinamizzata nella relazione storica e culturale tra individui e gruppi sociali.

Vale la pena ricordare che non sempre si tratta di un rapporto armonioso, soprattutto se pensiamo in senso religioso; gli interessi spesso si scontrano, con conflitti e tensioni. Anche se, secondo Jael dos Santos, la categoria "quotidiano" è "[...] a prima vista, suggerisce l'analisi di oggetti, comportamenti ed esperienze di routine, banali" (SANTOS, 2014, p. 27), la nozione può avere una dimensione maggiore quando si valutano le interrelazioni che coinvolgono la religione e la religiosità come parte integrante della cultura sociale.

Nel tentativo di scoprire gli aspetti della religiosità di queste popolazioni contadine, cerchiamo innanzitutto di differenziare brevemente i concetti di religione e religiosità. Successivamente, problematizziamo aspetti specifici della religiosità delle persone coinvolte nel crimine, come l'immaginario della figura del monaco come individuo che contiene in sé una sorta di leader religioso e sociale; analizziamo poi le credenze e i rituali (il battesimo e l'esorcismo stesso), e gli oggetti utilizzati: medicine, erbe, bastoni, code di armadillo, rosari, candele. Tutti questi elementi saranno affrontati tenendo conto delle testimonianze registrate e di ciò che dicono gli articoli di giornale, in costante contrasto e dialogo con ciò che la storiografia dice sulla religiosità della popolazione della regione contesa.

3.1 CATTOLICESIMO RIFORMATO E CATTOLICESIMO POPOLARE CABOCLO: IL MONACO COME ELEMENTO RELIGIOSO E SOCIALE

La religione, vista in termini formali, è una struttura chiusa, ma ci sono dei limiti a questo approccio formale, poiché all'interno del campo religioso ci sono soggetti sociali e le loro religiosità multiple, dove ogni individuo si appropria della struttura del campo religioso in modi diversi. Così, la religione è un insieme di dottrine e pratiche istituzionalizzate, mentre la religiosità può significare un attributo umano, nel senso di cercare il sacro, "senza specificare cosa sia questo sacro, sia come fuga o come spiegazione del reale vissuto, sia per negoziare e comprendere la divinità o le divinità nella ricerca di soluzioni ai problemi quotidiani" (MANOEL, 2008, p. 18).

Jael dos Santos, durante la ricerca sulle pratiche religiose e sulle rappresentazioni del cattolicesimo nel Paraná sudoccidentale, offre un'interpretazione dell'appropriazione individuale dei codici religiosi: "[...] se la religione potesse essere paragonata a un linguaggio, a una struttura più chiusa e strutturata, la religiosità sarebbe l'accento, cioè qualcosa che è influenzato da processi più mondani e quotidiani"[49] (SANTOS, 2014, p. 25).

---

[49] Per una migliore comprensione, Jael Santos fa un paragone approssimativo per capire la differenza tra

34

Bourdieu (1982, p. 39) afferma che nel campo religioso le chiese agiscono e funzionano come le aziende, ciò che le specifica o le particolarizza è la loro capacità di monopolizzare[50] , dominare e distribuire beni e significati sul sapere sacro e sulla salvezza stessa. Come per le aziende, questa capacità risiede in larga misura nell'organizzazione, nella gerarchia e nel capitale simbolico. È all'interno di questa gerarchia che si insediano gli agenti sacri: pastori, sacerdoti, tra gli altri, e anche laici, che hanno il compito di garantire il dominio della legittimità istituzionale rispetto agli altri gruppi sociali.

Si intende che i cosiddetti "laici" ricevono questi precetti religiosi dalle istituzioni per agire in un modo particolare. Per questo motivo, si spiega l'esistenza di persone che affermano di avere una conoscenza religiosa, come i monaci, che si appropriano dei codici religiosi in modo particolare per applicare le loro pratiche religiose. Usando altri termini per questa designazione, la religione si configura come un microcosmo all'interno di un macrocosmo sociale, che stabilisce i propri significati e comportamenti nel suo microcosmo interiorizzando i codici religiosi. Secondo Bordieu,

> [...] la costituzione di un campo religioso va di pari passo con l'espropriazione oggettiva di coloro che ne sono esclusi e che si trasformano per questo in laici (profani, nel doppio senso del termine) privi di capitale religioso (come lavoro simbolico accumulato). (BOURDIEU, 2001. p. 59-73).[51]

Utilizziamo l'esempio del monaco di cui stiamo parlando. Resta inteso che, anche se la religione cattolica ha i suoi codici religiosi specifici, l'appropriazione può essere variata da diversi soggetti sociali - o anche dagli stessi gruppi sociali, come il caboclo - con le loro pratiche religiose individuali che hanno l'interferenza della vita sociale quotidiana, motivo per cui sono chiamate religiosità popolare.

Tornando ai termini nel contesto storico e spaziale qui affrontato, questa religiosità a cui ci riferiamo è stata trattata dalla storiografia sotto il concetto di cattolicesimo rustico (QUEIROZ, 1966; VALENTINI, 2016, p. 73) o popolare, perché permeata di elementi che provengono dalla religione cattolica, portata dai portoghesi, anche se amalgamati con pratiche e credenze delle religioni afro e indigene. Inoltre, se consideriamo le pratiche e le esperienze

---

religione e religiosità, usando come esempi la lingua e i dialetti, sottolineando che anche usando un esempio, nulla sarà paragonabile alla complessità dello studio di questi due aspetti - religione e religiosità (SANTOS, 2014, p. 25).
[50] Questa idea si è diffusa con l'aumento della presenza di coloni di origine europea (a partire dagli anni Cinquanta nella regione definita), ma non ha mancato di muovere i primi passi nel XIX secolo, con la creazione delle parrocchie, difese da Paulo Fernando Diel come una "parocchializzazione e monopolizzazione dei beni di salvezza" (DIEL, 2001).
[51] BOURDIEU, Pierre. Genesi e struttura del campo religioso. In: **L'economia degli scambi simbolici**. San Paolo: Perspectiva. 1982. p. 39.

della religiosità popolare, che presentano caratteristiche di alcuni filoni religiosi, contando su "[...] tutta una serie di riti, preghiere e simboli propri, a loro volta, possono essere inclusi nel cosiddetto 'cattolicesimo popolare' o 'vecchio cattolicesimo', cioè un cattolicesimo non romanizzato" (SCHUH, 2001, p. 132).

Con l'arrivo del cattolicesimo ufficiale o romanizzato, la Chiesa si sforzerà di adattare queste pratiche e credenze al breviario romano, con i suoi sacramenti che possono essere amministrati solo all'interno della comunità religiosa organizzata e gestita dalla parrocchia. Utilizzando il concetto di Cattolicesimo Ufficiale di Paulo Gunter Suss, si definisce un cattolicesimo ideale in termini di dottrina, culto, norme e valori, ed è più concreto pensare al significato del concetto quando si analizza il sistema organizzativo gerarchico dell'istituzione[52] (SUSS, 1979, p. 151).

Esistono indubbiamente delle ragioni per cui l'episcopato brasiliano non accettava senza restrizioni tutte le manifestazioni di religiosità popolare. Lo possiamo capire rivolgendoci a Boris Fausto, per il quale la Chiesa diffidava di questo tipo di religiosità spontanea e carismatica, perché "[...] faceva a meno della sua assistenza ufficiale e poneva l'autorità dei suoi leader al di sopra dell'autorità sacramentale dei ministri ordinari" (FAUSTO, 2006, p. 350). Anche se il cattolicesimo popolare era accettato - purché sottoposto al controllo della gerarchia - e valorizzato nella seconda metà del XIX secolo, la Chiesa cattolica era consapevole che la sua forza sarebbe stata d'ora in poi una solida base popolare e prendeva precauzioni per garantire che questo sostegno non sfuggisse al suo controllo.

Per una migliore comprensione, la riforma cattolica, assunta a partire dalla metà del XIX secolo da tutta la Chiesa in Brasile, si basava sulla romanizzazione e aveva due grandi obiettivi strutturali: il primo era interno, volto a riformare il clero preservandone i valori e prendendo le distanze dagli affari politici; e il secondo era esterno, in cui l'obiettivo era "[....] una riforma dei costumi del popolo, cambiando la loro fede tipicamente devozionale in un'espressione religiosa più sacramentale sostenuta dal quadro dottrinale del cattolicesimo"[53] (DIEL, 2001, p. 101).

Ma analizzando non solo il tentativo di raggiungere questi obiettivi, ma anche la loro applicazione riformista, la Chiesa ha incontrato delle difficoltà. All'interno e nella sua costruzione istituzionale, la riforma ebbe successo, ma quando fu esternata, la Chiesa incontrò la resistenza della popolazione caboclo della regione. Per questo motivo, il cattolicesimo

---

[52] Paulo Gunter Suss continua a definire il concetto di Cattolicesimo ufficiale quando utilizza sistemi cognitivi, espressivi e normativi, con "[...] questo cattolicesimo di tipo ideale nella sua   sfera simbolica e   concreto nella sua organizzazione sociale, che si manifesta nella sua struttura gerarchica e nella sua composizione diacronica". (SUSS, 1979, p. 151).
[53] Vedi: AZZI, Riolando. **L'altare unito al trono**: un progetto conservatore. San Paolo: Paulinas, 1992. p. 32-34.

popolare caboclo, sebbene guardato con sospetto dai sacerdoti, coesisteva con il cattolicesimo riformato ed era l'alternativa trovata per consolidare il cattolicesimo nella regione, dato che i sacerdoti chiudevano gli occhi sulle pratiche popolari.

Il concetto di coesistenza nasce dalla consapevolezza che, in un certo momento storico (più precisamente tra il 1903 e la fine del 1940), elementi del cattolicesimo ufficiale riformista e del cattolicesimo popolare hanno condiviso gli stessi spazi, e quindi sono coesistiti. È importante sottolineare alcune caratteristiche che distinguono questi cattolicesimi. Il cattolicesimo popolare, a differenza del cattolicesimo della Riforma, è sacramentalista, clericale e tridentino[54] (DIEL, 2001, p. 102-103), in altre parole, è il concetto romanizzato. Ma questa relazione era considerata più una condizione che un'opzione.

Per questo motivo, quando si affronta la coesistenza di queste due forme di manifestazione religiosa, bisogna essere cauti, perché, secondo Marcos Batista Schuh, "una discussione religiosa ci impone di essere calmi e, freneticamente, di discutere le costruzioni fatte dai gruppi etnici" (SCHUH, 2001, p. 131). Sebbene colonizzata per lo più da immigrati che provenivano principalmente da altri Stati della federazione, le differenze culturali del mix etnico e culturale erano rappresentate in modo eclatante, sia attraverso il loro modo di pensare, di vivere e/o di produrre.

Pertanto, quando il mondo dell'immaginario religioso diventa protagonista ed elemento organizzativo dei gruppi, si delimitano le loro differenze ed emergono gli scontri che, continuiamo a riflettere con Schuh, perché "[...] si traducono in conflitti di affermazioni e tentativi di omogeneizzazione di una visione del mondo. Questi tentativi, a loro volta, possono essere esternati attraverso conflitti silenziosi/silenziosi, o attraverso guerre etiche risonanti." (SCHUH, 2001, p. 131).

Per questo non possiamo essere ingenui e credere in una relazione assolutamente armoniosa o in una democrazia religiosa tra i due cattolicesimi. Questo perché siamo d'accordo con Paulo Diel, quando spiega che il cattolicesimo riformato ha agito induttivamente sotto il cattolicesimo popolare dei caboclos, perché la coesistenza, in altre parole, "[...] è il modo politico della Chiesa di rapportarsi al cattolicesimo popolare, dove esercita una certa egemonia e dove il cattolicesimo ufficiale non ha sufficiente consistenza e struttura istituzionale per imporre la sua riforma." (DIEL, 2001, p. 104).

Si tratta di comprendere il concetto stesso di coesistenza e di discutere il modo transitorio in cui i cattolicesimi si relazionano tra loro. Transitorio perché la debolezza strutturale dell'istituzione è stata ammessa quando ha esternato la sua dottrina, che non era in

---

[54] Fu consolidata durante il Concilio di Trento nel XVI secolo.

grado di imporre. Per dare un'idea, solo dopo lo sviluppo delle parrocchie e l'arrivo di innumerevoli missionari riformatori si è assistito a una marginalizzazione del cattolicesimo popolare, dove si è assistito a una lotta devozionale per il dominio dell'immaginario religioso.

Anche con la gamma di nomenclature e concettualizzazioni che circondano la religiosità popolare o il cattolicesimo popolare caboclo, esemplificare le pratiche religiose significa entrare in un universo immaginario permeato di simbolismo e coinvolto in rituali. Inoltre, le credenze, le conoscenze e le pratiche religiose della cultura popolare fanno parte di una costruzione organizzativa sociale all'interno della quale hanno i loro significati, per cui per queste popolazioni preservarle rappresenta mantenere viva la propria cultura, una forma di resistenza.

In questa sorta di crociata "romanizzante", l'istituzione categorizzava la religiosità popolare, considerando alcune pratiche come improprie. Jael dos Santos spiega che per alcuni teologi non era possibile prendere in considerazione alcune pratiche religiose caboclo se non erano allineate con gli standard o i criteri della Chiesa (SANTOS, 2014, p. 60). Se queste pratiche non venivano considerate, venivano etichettate come prive di profondità spirituale e correvano il rischio di essere bollate come fanatismo e superstizione.

A rafforzare questa idea, alcuni termini utilizzati dalla stampa etichettarono l'accaduto come "fanatismo", sostenendo che fosse un prodotto dell'arretratezza della civiltà. In questo senso, si può notare che il quotidiano *A Republica,* quando si riferisce a individui come monaci, usa termini come: "miserabili sfruttatori delle credenze umane"; "assurde credenze di questi profeti sertanejos"; "credenze che, però, si spingono fino al fanatismo senza la minima traccia di moralità"; "affascinano gli ingenui con promesse"; o anche "il mostruoso caboclo, che sente risvegliarsi i suoi *istinti* di */era*". Oltre a questi termini, il giornale *A Noticia ha* definito il monaco anche "nevropatico". Sono tutti sinonimi di etichette attribuite al fanatismo.

Sono molte le situazioni in cui "fanatici" o "fenomeni da baraccone" vengono utilizzati per descrivere le loro azioni, soprattutto nel caso dei caboclos del Contestado[55]. La storiografia classica mostra che la componente del fanatismo fu fortemente enfatizzata non solo dalla stampa ma anche dalle autorità. È noto che le prime spiegazioni di questo movimento sociale nell'ambito della religiosità furono fatte per lo più dalle autorità militari e politiche, con l'appoggio della stampa, che accusavano i caboclos di essersi lasciati sedurre dal fanatismo religioso diffuso dai monaci. A rinforzo di ciò, il concetto di fanatismo, poiché esprime una condizione mentale irrazionale, un comportamento legato alla follia, è stato il

---

[55] Cfr. DA LUZ, Aujor Avila. **I fanatici**: crimini e aberrazioni della religiosità dei nostri caboclos (contributo allo studio dell'antroposociologia criminale e alla storia del movimento fanatico in Santa Catarina). 2. ed. riv. Florianopolis: Ed. da UFSC, 1999.1999.

modo trovato per costituire una struttura esplicativa del fenomeno che si è sviluppato nel Contestado (SIMPOSIO NACIONAL DO CENTENARIO DO MOVIMENTO DO CONTESTADO, 2012, p. 8).

In questo senso, anche se gli individui sono considerati dalla stampa come fanatici, iniziamo a riflettere sulle questioni più ampie che circondano il monaco e la sua funzione religiosa e sociale. Così, dettagli come le nomenclature, il loro stile di vita e le loro attività, oltre a caratterizzarli, fanno parte della loro costruzione come soggetto storico.

Il quotidiano *A Republica menziona* che gli individui si fanno chiamare monaci o angeli mandati dal cielo, un'idea sostenuta dall'immaginario locale. Il giornale *A Noticia* si riferisce a Custodio come "il nuovo monaco, perché lo chiamano 'Angel Custodio'". Questo titolo e/o la credenza in questi individui si ritrova anche analizzando la testimonianza di Manoel quando riferisce del trattamento offerto a Eogenia, in cui l'impiegato sottolinea il nome *Angelo,* "che colui che la guidava era l'Angelo Custudio, cioè l'accusato Custodio, che era considerato da loro come tale[56] ", cioè come un angelo.

Nell'estratto che segue possiamo notare che, contrariamente alle convinzioni della popolazione coinvolta nel crimine, per i redattori del giornale "[...] due di questi miserabili sfruttatori della credenza umana, le cui peregrinazioni nei nostri hinterland, dove sono comunemente conosciuti come monaci, sono continuamente segnate da crimini di questa natura, sono protagonisti criminali[57] ", facendo una pesante critica a questi individui considerati monaci.

Per questo motivo, un punto di discussione che merita attenzione è che l'accusato Custodio Ferreira Soares (il monaco di cui sopra) è considerato il successore di altri monaci già consacrati dalla storiografia. È identificato nella testimonianza di Francisco Jose de Lima, quando afferma che "Custodio andò a cercare e portò il suddetto armadillo (frusta) e lo picchiò molto con esso e che la vittima urlò dicendo: 'Seo Joao Maria aiutami, questa tentazione sta uscendo dal mio corpo'."[58] . In altre parole, associarono Custodio al monaco Joao Maria de Agostini.

La testimonianza evidenzia che la devozione ai monaci era presente nella comunità di Alegria, nell'interno di Palmas, e che le notizie dell'opera e dei miracoli del monaco Joao Maria erano arrivate fin lì, diventando parte del patrimonio religioso della popolazione. Ricordiamo che alcuni dei testimoni provenivano da Santa Catarina, dove la presenza di Joao Maria era più evidente.

---

[56] Caso penale 527, f. 15v.
[57] **La Repubblica**, op. cit., p. 2.
[58] Caso penale 527, f. 19.

La devozione al monaco Joao Maria è emersa nella regione contesa. Tuttavia, ci sono tre monaci che si sono recati in pellegrinaggio nella regione contesa e nei tre Stati meridionali del Brasile dalla seconda metà del XIX secolo fino ai primi decenni del XX secolo (CABRAL, 1987).

Il primo monaco apparso nella regione è citato nella letteratura della metà del XIX secolo. Si tratta di Joao Maria de Agostini o, come lo definisce Delmir Valentini, noto anche come Agostino, "un italiano nato in Piemonte nel 1801" (VALENTINI, 2016, p. 79). Secondo la tradizione popolare, era un eremita che viveva di ciò che la natura offriva e donava. La sua attività principale era quella di predicare, guarire e benedire le persone ovunque andasse (MARQUETTI; SILVA, 2015, p. 119) e ci sono varie speculazioni sui luoghi in cui si recò, tra cui un itinerario[59] che indica i luoghi in cui viaggiò.

Il caso criminale fa emergere un altro dettaglio che ci fa riflettere su una caratteristica presente nelle ricerche sul "messianismo", il fatto che molti monaci e guaritori non avevano un indirizzo fisso, vivendo in case di famiglia o addirittura vagando da un luogo all'altro.

Nei verbali delle domande rivolte agli imputati, l'imputato principale Custodio Ferreira Soares dichiara di essere residente nel comune di Palmas, ma in nessuno di questi verbali dichiara di aver vissuto insieme a Fortunato Caetano[60], lasciando aperta la questione della permanenza.

Per comprendere meglio la figura del girovago, diversi documenti dimostrano che egli fu incoraggiato a occupare i Campos de Palmas, essendo un elemento che esercitava una pressione sulle regioni che attraversava. Secondo Paulo Pinheiro Machado, "per la gente dell'altopiano, il vagabondo è un santo chiamato Sao Joao Maria" (MACHADO, 2007, p. 10) - il monaco citato in precedenza - che avrebbe indicato la rotta migratoria a diversi federalisti, soprattutto grazie alla sua esperienza nella regione.

Un'altra funzione attribuita al monaco è quella sociale. A queste persone veniva attribuito un ruolo curativo, perché oltre alla guarigione spirituale, era implicito che avessero la capacità di curare i mali fisici della vita quotidiana della popolazione.

Come abbiamo visto nel capitolo precedente, il nuovo regime repubblicano cercava di uniformare individui e regioni in un modello di sviluppo progressivo. Di conseguenza, l'accesso alla medicina convenzionale era scarso, il che portò a risolvere il problema in altri modi. Emersero persino falsi medici, che rivendicavano la loro competenza nel campo. Ma

---

[59] Sui luoghi in cui ha viaggiato, si veda: CABRAL, Oswaldo Rodrigues. **Joao Maria**: interpretagao da campanha do contestado. San Paolo: Nacional, 1960; e VALENTINI, Delmir Jose. **Da cidade Santa a corte celeste**: memorias de sertanejos e a Guerra do Contestado. Chapeco SC: Argos, 2016. 180 p. 74-117.
[60] Caso 527, f. 14.

soprattutto, si assiste alla nascita di pratiche di benzeduras e curandeirismo, che spesso diventano una sorta di commistione tra medicina e religione.

Per Pedro da Silva Nava,

> i processi di guarigione del popolo, [...] fanno parte del suo complesso culturale, allo stesso modo dei suoi sentimenti religiosi, delle sue abitudini alimentari, delle sue manifestazioni artistiche, della sua posizione di rispetto nei confronti degli antenati, della morte, della successione paterna o materna, della fratellanza associativa o di sangue, dei suoi pregiudizi e dei suoi divieti - è naturale che questi processi di guarigione mantengano lo stesso carattere immutabile con cui si trasmettono attraverso la vita successiva delle generazioni [...] (NAVA, 2003, p.180).

Come già detto, il monaco Custodio somministrò alla vittima Eogenia dosi di tartaro[61] come trattamento. In altre parole, il monaco esorcista utilizzò questa sostanza, che all'epoca era una sorta di ricetta casalinga. Secondo Pedro da Silva Nava,

> I rimedi di questa medicina, anche quelli che agiscono naturalmente, sono somministrati con un cerimoniale di mistero e magia, che agli occhi del popolo non può che accrescerne il valore e l'efficacia [...].dove il gusto per questa mescolanza di umano e divino è evidente nelle invocazioni, nelle preghiere semplici o seguite da imposizioni manuali e gesti di flagellazione; nei rudimenti di atti sacrificali praticati su animali vivi; nei contorni delle penitenze e delle punizioni ricercate nei rimedi sterili e sudici - che accompagnano la banale somministrazione di suadouros; di purghe di velame e jalapa; di infusi, bolle e tinture di jatoba, pinhao aroeira e pimenta; di formule contenenti tartaro per la malaria e mercurio per la sifilide. (NAVA, 2003, p. 179).

Secondo Marcia Moises Ribeiro, alla fine del XVIII secolo, c'erano

> [...] c'è stata una diminuzione dell'uso di sostanze utilizzate o associate alle pratiche popolari di cura della medicina, man mano che si imponevano spiegazioni più soddisfacenti delle malattie, ma questo non significava che le credenze proprie dell'universo della medicina scomparissero completamente [...] (RIBEIRO, 1997, p.138).

Pur non essendo una pratica ristretta ed esclusiva di un gruppo o di un soggetto

---

[61]Molto probabilmente si tratta di una varietà del farmaco noto come tartaro emetico, sotto forma di sale, utilizzato nelle pratiche di guarigione popolare, con lo scopo di provocare il vomito (DICCIONARIO DE MEDICINA POPULAR. 2° vol. Pedro Luiz Napoleao Chernoviz - Dottore in Medicina; Cavaliere dell'Ordine di Cristo). Rio de Janeiro: Eduardo & Henrique Laemmert Editores Proprietarios, 1851, utilizzato nel trattamento dell'epilessia (DICCIONARIO DE MEDICINA DOMESTICA E POPULAR. Teodoro J. H. Langaardd. Rio de Janeiro: Eduardo & Henrique Laemmert Editores Proprietarios, 1865).

specifico, la pratica della "benedizione"[62] considerata da Neiva Moreira e Jugara Wollf era un'attività "[...] non 'lavorativa' e non redditizia, era legata ai brasiliani perché considerata una manifestazione della religiosità popolare 'cabocla' che accoglieva gli insegnamenti e le pratiche dei monaci" (MOREIRA; WOLLF, 2001. p. 170).

Anche se rielaborate e reinventate, le pratiche dei guaritori e delle benzedure, caratteristiche delle manifestazioni religiose popolari e/o legate all'universo magico, erano presenti anche tra i discendenti degli immigrati. Così, questa risorsa, unita a una fede presumibilmente retribuita, secondo José Carlos Radin[63] "risolveva i problemi di salute, gli animali domestici, senza dover spendere denaro. Normalmente, in caso di malattia, la prima cosa da fare era ricorrere alle benedizioni e alla medicina popolare" (RADIN, 1996, p. 124).

Questo ci fa pensare anche a un fatto curioso che il quotidiano *A Noticia* riporta in un servizio che precede il testo sul "Monaco Custodio", dello scrittore Agostinho B Sottomayor, sotto il titolo *"Crimini dell'avvelenatore Urbino Freitas: scenas pavorantes"* in cui si riporta il caso di un individuo che si definisce medico e ha il potere di curare attraverso il trattamento farmacologico. Con il nome di Urbino Freitas, dopo essere arrivato da Lisbona, è stato accusato di aver avvelenato la famiglia Sampaio utilizzando il suo libro e i suoi metodi per curare la lebbra.

In quell'occasione, l'amico Adolfo Coelho avrebbe ricevuto diverse visite da lui a casa sua, oltre a quattro lettere con istruzioni. Tuttavia, egli negò la presenza del "medico di Porto" a casa sua nei giorni indicati, ma affermò che se fosse stato interrogato dalla polizia, avrebbe detto che Urbino Freitas era stato ospite a causa del libro sulla lebbra. In altre parole, la presunta conferenza fu confermata da entrambi e il presunto medico sarebbe stato scagionato, cosa che non avvenne.

Il caso assomiglia in parte a quello del monaco Custodio per alcuni aspetti, soprattutto nel senso di essere un presunto guaritore. Sappiamo che esistono molti casi simili a questi, in cui le persone sostenevano di essere medici, guaritori o addirittura inviati dal divino (monaci) per guarire i malati. Possiamo quindi immaginare che questa mentalità fosse molto presente nella regione del Paranà, circolando tra le diverse popolazioni e comunità specifiche.

---

[62] Per comprendere alcune caratteristiche dei benzedores e dei curandeiros, sono necessarie alcune precisazioni. Il compito di curare gli animali era attribuito ai benzedores, che utilizzavano articolazioni di formule magiche, mentre i benzedeiras erano chiamati a occuparsi di processi analoghi, ma soprattutto di curare le persone. I guaritori, invece, applicavano un rituale magico e religioso, utilizzando la medicina empirica, basata soprattutto sulla fusione di erbe (QUEIROZ, 1966, p. 50).
[63] Jose Carlos Radin ha cercato di individuare vari aspetti degli immigrati italiani e italo-brasiliani che hanno dovuto riadattarsi durante il processo di colonizzazione. Uno di questi aspetti è legato alla concezione religiosa tradizionale, che era anche associata alla religiosità popolare e, secondo Radin, alle superstizioni e alle benedizioni "[...] si tratta di una pratica antica tra gli italiani, portata avanti e compresa con convinzione religiosa" (RADIN, 1996, p. 123).

Così, il suddetto servizio rendeva pubblica l'assenza di colpevolezza giuridica di Urbano Freitas, in quanto i suoi metodi di "guarigione" non erano ancora stati testati per essere applicati con la dovuta efficacia, come cita il giornale "dalle dichiarazioni, per quanto ingenue, [...] nasce per semplice coincidenza, viene un giorno, ancora in tempo, in cui la giustizia e l'opinione riconoscono la forza della sincerità e l'*inefficacia di* percorsi tortuosi". Eppure, sotto la guida dello scrittore, il giornale si protegge

> Lungi da noi applicare la prima di queste tesi al dottor Urbino de Freitas in particolare. Non siamo né l'accusatore né il giudice, ci limitiamo a raccontare fedelmente il caso clamoroso di cui è stato considerato il protagonista, e quindi seguiremo con imparzialità lo svolgimento e l'esito della vicenda, senza commenti che sappiano di passione. Tuttavia, sarebbe una distorsione del nostro scopo non accostare i fatti e quindi allontanare le illusioni che logicamente e naturalmente ne derivano.[63]

Sia che si tratti del caso principale che stiamo studiando, sia che si tratti di un altro caso curiosamente riportato, possiamo vedere che la stampa ha avuto una grande influenza riportando spesso casi ritenuti "fatidici" e con un alto livello di opinione pubblica. Non solo la stampa scritta ha potuto riferire di individui noti come guaritori, ma anche alcuni storici e sociologi hanno potuto trasporre il significato e il contributo sociale di questo soggetto storico.

Come vedremo in seguito, il monaco aveva una duplice funzione, non solo quella sociale di guaritore, ma anche quella religiosa.

3.2 TRA REUS E TESTIMONI: ALTRI ELEMENTI DELLA RELIGIOSITÀ POPOLARE CABOCLO

Dopo aver analizzato la figura del monaco, abbiamo esaminato altre credenze e pratiche emerse dalle testimonianze. L'attenzione è rivolta alle cure prestate a un'altra donna, Maria da Gloria Ferreira, che avrebbe vomitato oggetti, così come alla superstizione che circonda la figura del serpente e alla pratica di alcuni individui di tagliare il terreno con dei coltelli.

In un secondo momento, passiamo all'elemento principale che ruota attorno a quelli che nella religiosità popolare sono chiamati rituali. Il primo rituale è il battesimo, che può essere visto come un simbolo di passaggio e un tentativo di salvezza. Il secondo rituale è l'esorcismo, in cui si elencano i momenti in cui la vittima principale, Eogenia Maria Balbina, è stata sottoposta, come: la possessione e il delirio (attacchi psicologici); le percosse con bastoni e code di armadillo; il passaggio attraverso il fuoco; lo strangolamento (tutti questi attacchi fisici). Anche se erano dettagliati in modo particolare, facevano parte dell'intera procedura di esorcismo.

E nel terzo momento entrano in gioco i seguenti elementi: la medicina; gli oggetti estratti dalla natura, come le erbe, i bastoncini di mela cotogna e le code di armadillo; infine, altri materiali legati alla devozione, il rosario e la candela. Tutti questi elementi sono interconnessi con le pratiche religiose vissute da questa popolazione caboclo.

Analizzando il fascicolo penale, abbiamo notato un dettaglio riguardante un presunto trattamento effettuato su un'altra donna (identificata nel fascicolo penale come Maria da Gloria Ferreira). Il quotidiano *A Republica* afferma che Custodio, per convincere la sua famiglia di avere il potere/dono di allontanare gli spiriti maligni dal suo corpo, "mostrò loro una treccia di capelli e dei chicchi di mais che aveva preso dal corpo di un'altra donna, scampata miracolosamente alle fiamme delle caldaie di Pedro Botelho[64] ". L'intento del giornale era quello di giustificare il fatto che il monaco avesse già effettuato altre procedure di guarigione religiosa, dando maggior peso al processo dell'accusato.

Con queste informazioni, abbiamo cercato un riferimento nel primo verbale delle interrogazioni all'imputato Manoel, che riferiva positivamente di un'altra visita del monaco, che Custodio aveva fatto il 28 febbraio dello stesso anno (tre giorni prima del delitto). Manoel ha raccontato all'ufficio del pubblico ministero che lui e la sua famiglia si trovavano a casa di Fortunato Caetano (suo vicino di casa, che aveva offerto a Custodio un posto dove stare), insieme a Eogenia e ad altre persone. Il motivo per cui erano tutti lì era che Custodio (indicato come medico) stava curando la moglie di Joao Bernardo, Maria da Gloria Ferreira, che aveva il diavolo in corpo.

Problematizzando il fatto che fossero presenti più persone per eseguire la procedura, è possibile metterlo in relazione con il tentativo di legittimare il rituale di espulsione del male. Marcia Ribeiro, nel suo lavoro sugli esorcisti[65] durante il periodo della riforma in Europa, parla dell'atmosfera in cui si svolgeva il rituale, dove la persona che applicava il metodo di solito non era sola, ma accompagnata da "aiutanti divini" (RIBEIRO, 2003, p. 70-78). Nel caso

---

[64] **La Repubblica**, op. cit. p. 2.
[65] Marcia Ribeiro porterà anche due illustrazioni (un pannello di piastrelle e un affresco) con scene di esorcismo, dove si vede la presenza dei cosiddetti rimedi divini (gli esorcisti), degli aiutanti celesti e di alcune persone che eventualmente fungono da testimoni del rituale. La prima immagine proviene dal Monastero di Santa Cruz a Coimbra, in Portogallo, e mostra una scena di guarigione miracolosa di un uomo affetto da crisi epilettiche (associate nel periodo della Riforma a segni di possessione e non a una patologia). Disponibile all'indirizzo: <http://www.historiaecultura.pro.br/cienciaepreconceito/iconografia/mosteirocoimbra.htm>. Consultato il: 18 giugno 2016. E l'altra figura sotto il titolo di *San Filippo Neri* che guarisce una donna posseduta (Gruppo in affresco di Andrea del Sarto, nel chiostro dell'*Annunsiata* a Firenze) (RIBEIRO, 2003, p. 73).

della procedura eseguita su Maria da Gloria e in entrambi i casi su Eogenia Balbina, vediamo la presenza di un assistente, oltre a diversi testimoni che accompagnano il rituale.

Sempre a proposito delle cure prestate a Maria Ferreira, si può notare che anche l'imputato Manoel Antonio Ferreira ha un discorso simile, ma fornisce dettagli su dove si trovavano nel momento in cui tali pratiche religiose furono applicate alla donna Maria da Gloria Ferreira, se l'imputato Manoel fu testimone di questo fatto e come si svolse

> Il 28 febbraio si trovava con la sua famiglia a casa di Fortunato Caetano, suo vicino di casa, e che la vittima Eogenia, l'accusato Custodio Ferreira Soares, Joao Bernardo, il rivelatore Joao Belarmino e altre persone erano lì, che stavano curando la moglie di Joao Bernardo, che il medico era Joao, cioè, Custodio Ferreira Soares e che disse che la moglie di Joao Bernardo, Maria, aveva il diavolo in corpo, poi Custodio pregò e la malata disse che *Caetano, Maruca e Raymundo erano nel suo corpo e* che uscirono dal suo corpo e Custodio prese un *fascio di capelli* dalla bocca della malata, e che il suo assistente era Joao Bernardo.[66]

In questo estratto si possono analizzare diversi dettagli. In primo luogo, che il trattamento era combinato con le preghiere, utilizzate come metodo emergente per la situazione. Nel secondo punto, il dichiarante chiarisce l'idea che tre spiriti, "Caetano, Maruca e Raymundo", si fossero impossessati del corpo di Maria Ferreira; e nel terzo punto di analisi, che merita una maggiore problematizzazione, parla della reazione di Maria Ferreira di vomitare oggetti simili, come se consolidasse l'espulsione del male materializzato, che fu poi espulso. Nomina anche Custodio Soares come una sorta di "medico" ausiliario del trattamento.

Oltre alla testimonianza dell'imputato Manoel, il testimone Joao Bernardo (marito di Maria da Gloria Ferreira) ha dichiarato, indicando Custodio, "[...] che l'imputato ha dato una medicina a sua moglie e con questa medicina sua moglie ha vomitato un capello e dei chicchi di mais, questo l'imputato Custodio"[67], e non ha detto nulla di più sulla moglie, nemmeno se fosse stato l'assistente di Custodio quel giorno. Maria, la donna, non commentò il suo trattamento, si limitò a riferire ciò che la Procura le aveva chiesto in relazione al crimine contro Eogenia "[...] che aveva visto solo il cadavere di Eogenia e che le era stato detto che gli imputati Custodio e Manoel avevano ucciso Eogenia con bastoni di marmello[68]", senza fornire molti dettagli. Se avessimo le informazioni di Maria sulle "cure" ricevute, si potrebbero avanzare diverse ipotesi. Ma se analizziamo l'assenza di queste informazioni, è anche possibile

---

[66] Caso penale 527, f. 22. Sottolineatura aggiunta, che indica i presunti nomi degli spiriti presenti nel corpo di Maria da Gloria e ciò che era stato rimosso dalla sua bocca dopo il trattamento da parte di Custodio. Caso penale 527, f. 22.

[67] Caso penale 527, f. 22.

[68] Ibidem, f. 21v.

trattarle come un punto di discussione, che presuppone sia la paura di impegnarsi e le possibili minacce, sia il riconoscimento del trattamento stesso. Non ci soffermeremo su questo aspetto perché non è il nostro obiettivo principale di analisi.

Un altro dettaglio interessante, che mescola credenza e "superstizione", si trova anche nel primo verbale delle domande all'imputato Manoel, in cui egli afferma che quando tornarono a casa loro dopo tre giorni a casa di Joao Bernardo - Manoel aveva detto in precedenza che passavano davanti alla casa di Fortunato Caetano e che lì veniva curata Maria da Gloria Ferreira, contraddicendosi così - trovarono un grosso serpente all'interno della casa e che quella notte Eogenia si mise a urlare chiedendo loro di pregarla.

> [...] poi la vittima Eogenia e la sua famiglia uscirono e vennero a casa sua, dopo tre giorni a casa di Joao Bernardo, e che la notte in cui arrivarono a casa sua trovarono un serpente molto grande che uccisero e che quella notte la vittima Eogenia iniziò a urlare, voglio dire, e chiese all'interrogato e a sua moglie di pregare, cosa che fecero [....] che non solo pregarono molto, ma lui iniziò anche a tagliare il pavimento con un machete e sua moglie iniziò a battere il pavimento con una ciabatta.[69]

L'idea che il serpente fosse una prefigurazione di qualcosa di brutto che sarebbe accaduto in seguito appare qui chiaramente. La presenza del serpente era associata al fatto che Eogenia cominciò a sentirsi male quella stessa notte.

In seguito alla testimonianza dell'imputato Manoel Antonio Ferreira, egli descrive che dopo l'episodio, Eogenia annunciò che l'Angelo Custode sarebbe arrivato all'alba. Nelle prime ore del 2 marzo, Custodio venne a pregare e si recò nella stanza di Eogenia. Dopo un po' sono usciti di casa ed Eogenia avrebbe chiesto a Custodio di battezzarla in cortile. A proposito del battesimo, Manoel ha riferito che

> Custodio battezzò non solo Eogenia ma anche una figlia di lei, che interrogò non perché avesse fede, ma perché costretto da una forza impellente, e che quando smise di battezzare la vittima, suo compagno, gli diede un bastone per farlo andare avanti [...] dopo i battesimi Custodio se ne andò e si recò a casa di Fortunato Caetano dove viveva, e che quando se ne andò dichiarò che tutti erano al sicuro[70]

Ciò che si evince dal passo è che il battesimo non rappresentava solo un rito di iniziazione, ma anche una sorta di sacramento di purificazione e salvezza. Il discorso di Manoel viene analizzato anche quando riferisce che Eogenia disse "[...] il battesimo che Custodio fece alla moglie del foliao era per mia figlia Lourenga, così Custodio lo rifiutò

---

[69] Ibidem, f. 15 v.
[70] Caso penale 527, f. 15v-16.

dicendo che non era possibile e chiese a Francisco de Lima di portarle una coda di armadillo"[71] , quindi Custodio avrebbe rifiutato il battesimo di Lourenga sostenendo l'impotenza e avrebbe represso Eogenia picchiandola.

È anche chiaro che Manoel avrebbe fatto riferimento a un altro battesimo, eseguito sulla moglie del festaiolo - la moglie sarebbe stata Maria da Gloria Ferreira e il festaiolo sarebbe stato Joao Bernardo de Oliveira. Guardando la dichiarazione di Joao Bernardo, egli non dice nulla al riguardo. Tuttavia, quando il pubblico ministero ha concesso agli imputati di parlare, Manoel ha subito chiesto del presunto battesimo di Maria, accusando Joao di non avergli detto tutto quello che sapeva. Ma non se ne fece più nulla.

Il battesimo di Eogenia è stato riferito da altri testimoni, tra cui la madre della vittima. Joanna dos Santos ha dichiarato "[...] che sua figlia le ha anche detto che Custodio le aveva detto di essere un monaco e che lei aveva il diavolo in corpo e che quando è venuta a trovare sua figlia le ha chiesto di chiamare Custodio suo compadre perché l'aveva battezzata".[72] . Oltre a considerare che Custodio era conosciuto dalle persone coinvolte come monaco, si può analizzare anche un altro punto, direttamente collegato all'atto del battesimo: il padrino. Oltre a Custodio come padrino di battesimo, Eogenia Balbina e Manoel Ferreira (che erano cugini) avevano un altro padrino chiamato Benedicto Manoel Antonio (alias Bine).

Alla luce di ciò, tra le pratiche religiose caboclo più diffuse viene spesso annoverato il battesimo in casa. Era il primo rituale a cui partecipava il neonato. Si utilizzava acqua corrente che veniva restituita alla natura dopo il rito e le preghiere erano guidate dai genitori e dai parenti.

Per le comunità caboclo, e anche per l'istituzione stessa della Chiesa, il battesimo si svolgeva con la presenza di altre persone che assistevano al rito. Di solito, una di queste persone era il padrino del battesimo. Chi veniva battezzato a casa spesso chiamava la stessa persona con cui era stato battezzato in chiesa. Ma quando il battesimo non veniva registrato in chiesa, si sceglieva qualcun altro per l'evento; di solito i padrini del primo figlio erano i nonni o erano in qualche modo imparentati con loro; quando non erano imparentati, entravano a far parte del gruppo familiare, in un rapporto noto come compadrio.

Ma in realtà, ciò che colpisce di più è il rituale dell'esorcismo, perché tutti gli elementi utilizzati come pratiche religiose, sia la medicina usata come tentativo di allontanare lo spirito maligno, sia il battesimo stesso come sacramento di salvezza, o anche, come vedremo, il fuoco e le percosse, avrebbero anche lo scopo di espellere questi spiriti. Inoltre, alla luce delle

---

[71] Ibidem, 527, f. 17.
[72] Ibidem, f. 42-42v.

credenze religiose, quando Eogenia fu strangolata, l'intenzione proposta era quella di estrarre lo spirito maligno presente nel suo corpo prima che la uccidesse.

Prima di entrare nei dettagli di come si è svolto l'esorcismo, ricordiamo che il tema dell'esorcismo è un argomento che genera molte domande ed è opportuno fare alcune osservazioni in merito. Quando parliamo di esorcismo, interpretiamo la spiegazione di Marcia Ribeiro, perché "[...] si pensa subito alla possessione diabolica; tuttavia, la possessione è solo una delle varie forme di attacco del demonio al corpo umano" (RIBEIRO, 2003, p. 64), perché si può sostenere l'idea di un tormento psicologico, di una malattia con lamentele di dolore o anche di possessione.

Nel corso del tempo, la Chiesa cattolica ha offerto armi celestiali per combattere i cosiddetti demoni dell'anima. In realtà, quando ha imposto regole e limitato il lavoro degli esorcisti, è stato innanzitutto un tentativo di allontanare i riti cattolici da qualsiasi cerimonia considerata di origine pagana che potesse essere usata per espellere gli spiriti maligni. Un'altra intenzione era, in un certo senso, quella di proteggere i propri riti canonizzati dall'infiltrazione di influenze esterne al cattolicesimo romanizzato.

Altre volte, la Chiesa ha utilizzato strategie di controllo, sostenendo che solo i suoi membri erano in grado di affrontare il male e che il potere degli esorcisti aveva un'origine divina. In realtà, la pratica dell'esorcismo non è nuova: ha solide basi già nell'antichità[73] , e il periodo medievale merita una menzione speciale per il suo contesto europeo. Qui nel mondo luso-brasiliano, la pratica si può osservare anche di fronte alle contraddizioni con i progetti di standardizzazione, che imponevano una disciplina agli aspetti religiosi dei culti. Ma in epoca contemporanea questo rito è stato in un certo senso soppresso dalla Chiesa cattolica.

Per questo motivo, il caso dell'esorcismo ricercato presenta una serie di dettagli, che sono stati analizzati separatamente, ma che formano un insieme derivante da un rituale di religiosità popolare, nel senso che non si tratta di un esorcismo condotto da un sacerdote, cioè da qualcuno nominato dalla Chiesa.

Il primo punto da discutere è stato il discorso delle deposizioni rese dagli imputati sullo stato mentale di Eogenia Maria Balbina, e come i testimoni hanno riprodotto il fatto specifico. I racconti si sono attenuti a termini come: delirio, follia, stordimento, insensatezza, attacco. Le

---

[73]Il libro di Marcia Moises Ribeiro *Esorcisti e demoni è una*   lettura consigliata sulla temporalità della pratica dell'esorcismo. Secondo l'autrice, le origini dell'esorcismo sono molto antiche, poiché i popoli antichi utilizzavano riti magici per espellere gli spiriti considerati impuri o deboli. Ma con l'avvento del cristianesimo, il rituale ha assunto le caratteristiche che conosciamo oggi. È interessante notare che Marcia Ribeiro analizza il fatto che Cristo stesso fu il primo grande esorcista, secondo i testi biblici. Eppure, fino alla metà del III secolo, teoricamente "[...] qualsiasi credente, purché dotato di un dono di Dio, poteva compiere un rito per espellere un demone" (RIBEIRO, 2003, p. 65-66, 86-91), di solito senza l'interferenza di alcun sacerdote.

reazioni della vittima, siano esse il risultato della sostanza ingerita, dell'induzione o del disturbo, esulano dal nostro scopo. Vale la pena sottolineare ancora una volta il reale interesse e l'analisi di questi discorsi per comprendere questa esperienza religiosa.

Per Giovanni Levi, nel corso del tempo[74] , il concetto di salute e di malattia è cambiato molto, e ancor più per quanto riguarda lo spazio occupato dal normale e dall'anormale (tenendo conto del loro stato fisico o psicologico). Questa disputa era valida anche quando ci si chiedeva quale ambito fosse realmente definito come appartenente alla medicina. Ma se analizzato storicamente, l'autore afferma che "[...] esiste di fatto una diversità tra le culture, una relatività dei concetti medici parallela a quella dei concetti magico-religiosi". (LEVI, 2000, p. 75). Al di là della parzialità storiografica del concetto, anche se si riferisce a un altro periodo e a un altro spazio, il dibattito sull'equilibrio o disequilibrio mentale può essere discusso anche da altre aree del sapere.

In quest'ottica, esaminando il verbale delle domande rivolte all'imputato Manoel Ferreira, si evince l'intenzione di giustificare il disturbo della vittima. Egli riferisce che Eogenia, rivolgendosi a Maria da Gloria Ferreira, aveva detto: "[...] è stato molto bene lasciare la casa di Fortunato Caetano, perché quella casa stava per crollare e tutti in casa sarebbero morti tranne una ragazza, e che avrebbe salvato anche la bandiera del foliao e la cacha (tamburo) che accompagnava la stessa bandiera"[75] . Si tratta di un tentativo di associare il disturbo all'idea di premonizione o di cattivo auspicio.

In un'altra dichiarazione di questo tipo, Francisco Jose de Lima afferma che quando arrivò a casa di Eogenia, erano presenti diverse persone, ma quando "Eogenia iniziò a dire un sacco di sciocchezze, e che in considerazione di ciò le altre persone che erano lì se ne andarono, lasciando lui, Custodio (Monge), Manoel Ferreira e la famiglia"[76] , in altre parole, questo lo avrebbe in qualche modo spaventato. Un'altra volta, lo stesso marito di Eogenia disse quanto segue a proposito della moglie "[...] quando si avvicinò alla casa sentì la moglie urlare e quando arrivò vide i suoi figli bruciati e la moglie che diceva tante sciocchezze che rimase terrorizzato e persino ammutolito"[77] . L'aspetto interessante è che collega l'immaginazione, il credo religioso e la follia come linea di analisi per la ricerca futura, che può essere interpretata anche da altre aree del sapere.

Come secondo punto, nel verbale delle domande all'imputato Custodio Soares, si analizza come uno dei metodi rituali prevedesse il pestaggio della vittima. Nel suo racconto,

---

[74] L'autore si riferisce a un tempo e a uno spazio diversi: l'Italia del XVII secolo.
[75] Caso penale 527, f. 16.
[76] Ibidem, f. 18 v.
[77] Ibidem, f. 22v-23.

Custodio dice che Manoel e la madre della vittima, armati di un bastone di mele cotogne, picchiavano Eogenia, e Manoel la picchiava anche con la coda di un armadillo, e Custodio spiega che lo scopo di questo era di rimuovere lo spirito maligno. Riguardo alle percosse, Francisco de Lima dice che iniziavano alle dieci del mattino, con brevi pause per riposare, e sottolinea che chiese a Custodio e Manoel "[...] di non fare questo lavoro, ma loro gli dissero che era necessario far uscire il demonio dal corpo della vittima e che indicavano vari punti del suo corpo dicendo: guarda qui; guarda ancora qui"[78] . Possiamo quindi vedere che l'uso delle percosse, nelle loro convinzioni, faceva parte del rituale, ma c'era una certa paura da parte dei presenti.

Un altro punto della dichiarazione di Francisco Lima che merita attenzione è la reazione di Custodio. Il monaco, indicando la vittima Eogenia, afferma che lo spirito maligno era fisicamente in possesso del suo corpo. In questo senso, si rafforza l'idea di possessione discussa in precedenza, come può contribuire a questa analisi lo studio di Marcia Ribeiro sui teorici dell'esorcismo del periodo moderno, e nei resoconti del sacerdote italiano Candido Brognolo individua che "il demonio tormentava gli uomini in vari modi, oltre alla possessione, definita come uno stato in cui il diavolo entra nel corpo dell'individuo"[79] (RIBEIRO, 2003, p. 64). Pertanto, l'idea di possessione fisica è uno dei vari modi di intendere l'attacco del male al corpo umano.

Secondo Manoel Ferreira, queste furono portate da sua madre Clemencia Maria Bita. Erano molto spessi e il loro scopo principale era quello di essere usati per picchiare i bambini, Bibiana e Maria Angela (figlie di Manoel e Ignacia), e anche Lourenga (una delle figlie di Eogenia e Joao Branco). Questo perché i bastoni erano visti come uno strumento necessario per ammonire o correggere l'atteggiamento degli altri.

Nel frattempo, oggi pomeriggio, ci sono informazioni su un terzo punto importante: alcuni testimoni riferiscono che Eogenia e Ignacia Trindade sono state bruciate. Non sono state trovate informazioni che indichino in quale stanza della casa e da chi sia stato appiccato il fuoco. Tuttavia, ci interessa menzionare anche questa situazione, perché è un altro metodo

---

[78] Ibidem, f. 19v.
[79] Sempre in tema di manifestazioni malefiche, secondo i resoconti di padre Candido Brognolo, si verificavano: "gli ossessi, cioè persone tormentate senza che il demonio abitasse il loro corpo; gli striscianti, individui che levitavano grazie alle astuzie del demonio; i pitoni, capaci di divinazione con il suo aiuto; i pazzi, cioè i lunatici, cioè coloro che perdevano il senno in luna calante a causa dell'intervento del diavolo; gli affascinati, le cui parole e azioni erano anch'esse soggette alla sua interferenza; i maleficiari, che venivano tormentati con lamentele di dolore dall'azione di stregoni che avevano fatto un patto con il diavolo; i maleficiari posseduti, quelli che per forza del patto, per la malizia del diavolo e con il permesso divino erano sia posseduti che maleficiari; e infine i maleficiari ossessionati, che non solo avevano incantesimi per forza del patto, ma erano tormentati direttamente dal diavolo.". BROGNOLO, Candido. **Brognolo recopilado e substanciado** de **varios autores**. (trad. De Frei Jose de Jesus Maria). Coimbra: Of. Ferreirianna, 1727. P. 27.

utilizzato nel rituale. Per cercare di capire come ciò sia avvenuto, abbiamo esaminato le parole di Manoel Ferreira.

> [...] che Eogenia mandò la moglie dell'interrogato a cercare la bandiera nel soggiorno, e mentre la cercava e non la trovava, Eogenia la picchiò con bastoni di marmello; [...] dopo che Eogenia ebbe picchiato la moglie dell'interrogato, prese la bandiera e la mise nel fuoco, dove si bruciò leggermente.Dopo che Eogenia ha picchiato la moglie dell'interrogato, ha preso la moglie dell'interrogato e l'ha messa nel fuoco, dove è rimasta leggermente ustionata e non ricorda chi l'ha gettata nel fuoco, poi Eogenia ha messo nel fuoco i figli dell'interrogato, Angela, di quattro anni, e Biliano, di quattro mesi, che a questi bambini e a Palmira e Lourenga, figlie della stessa vittima, ha dato fuoco, e che sono corsi dall'interrogato, senza di lei, cioè dall'interrogante, urlando e che lui non ha potuto aiutarli perché Eogenia gli urlava di non aiutarli e che uno dei bambini, la figlia della vittima, è rimasto ustionato e non cammina ancora.[80]

In questo estratto, possiamo vedere che più persone sono rimaste ustionate nell'incendio. Vale la pena notare che nessuna di loro - tranne Eogenia - è stata vittima di un incidente mortale. Una di loro era Ignacia, che sarebbe passata attraverso le fiamme. Ciò è confermato dall'esame forense effettuato su di lei, che ha identificato ustioni di primo grado sul viso e sui piedi[81] . Anche due testimoni parlano di questo incidente: Joao Berlarmino racconta che Eogenia disse "[...] a Ignacia che se voleva il perdono dei suoi peccati doveva passare attraverso il fuoco tredici volte, cosa che Ignacia fece, poi ordinò a Ignacia di passare attraverso il fuoco in ginocchio, cosa che Ignacia fece, poi Eogenia ordinò a Ignacia di sedersi nel fuoco"[82] ; anche Francisco de Lima racconta la sua versione che "[....] per non vedere queste barbarie, uscii per terra davanti alla casa, dove presto arrivò Ignacia con la gonna in fiamme, soprattutto la parte posteriore, che poi il testimone spense"[83] . In questo caso, il metodo del fuoco utilizzato si basava sull'idea dell'assoluzione dei peccati, in altre parole, del perdono divino.

Oltre a Ignacia, anche per i bambini Maria Angela e Lourenga è stata confermata la presenza di ustioni negli esami forensi. A Maria Angela sono state riscontrate ustioni di secondo grado sul viso, sul torace e su altre parti del corpo, ustioni di primo grado sulle mani e ferite da taglio sulla schiena[84] . A Lourenga sono state riscontrate ustioni di primo grado sulla guancia sinistra, sull'intero padiglione auricolare (orecchio) e sulla regione mastoidea sinistra (dietro l'orecchio)[85] . Nel caso di Biliana, non sono stati registrati segni di ustioni, ma sono state trovate tredici ferite contuse di due centimetri di lunghezza sulla regione frontale

---

[80] Caso penale 527, f. 16-16v.
[81] Caso penale 527, f. 9-9v.
[82] Ibidem, f. 21.
[83] Ibidem, f. 18v-19.
[84] Ibidem, f. 10-10v.
[85] Ibidem, f. 12-13v.

sinistra[86] . Alla luce di queste informazioni, si capisce che altre persone, oltre a Eogenia, hanno preso parte al rituale.

Analizzando la dichiarazione di Joanna dos Santos (madre della vittima Eogenia), secondo la testimone, la figlia avrebbe detto che "[...] per ordine di Custodio si è arrampicata su un gancio per essere bruciata da un fuoco fatto sotto [...] ho anche sentito che Custodio ha ordinato di bruciare e picchiare le bambine Angela, Biliana e Lourenga"[87] . Indipendentemente dal fatto che si trattasse o meno di ordini di Custodio, questo resoconto è interessante in quanto indica che la vittima fu tenuta sopra le fiamme da un gancio e che le bambine, oltre a essere bruciate, furono picchiate.

Dopo questo episodio, è emerso che tutte le dichiarazioni rilasciate indicavano che le violenze fisiche erano continuate. In primo luogo, la vittima è stata picchiata con la coda di un armadillo, ma secondo Manoel Ferreira, Eogenia ha chiesto di essere picchiata solo con bastoni di mela cotogna. La sera, quando il marito di Eogenia tornò a casa dal lavoro, trovò la moglie gravemente contusa e le figlie bruciate. Nella sua dichiarazione[88] , Joao Branco ha raccontato di aver chiesto a Custodio di fermare le percosse, ma non solo non gli è stato risposto, ma è stato anche minacciato e accusato di avere spiriti maligni nel corpo. Ecco un estratto del suo racconto

> [...] che l'imputato Custodio, che si faceva chiamare l'Angelo Custodio, si mise in testa di curarla di questa malattia, cioè di far uscire il diavolo dal suo corpo, e armato di una coda di armadillo, le diede una forte bastonata, all'imbrunire; che in seguito, aiutato dall'imputato Manoel e armato di un bastone di marmello, Custodio continuò a picchiare la moglie dell'informatore fino a mezzogiorno del sabato, quando, cioè, aveva già perso la parola.[89]

Alcuni testimoni spiegano in modi diversi l'aggressione fisica a cui Eogenia fu sottoposta durante il rituale. Ad esempio, Francisco de Lima racconta che "Custodio le ordinò di sdraiarsi a pancia in giù e continuarono a bisbigliare, e la vittima rotolò sul pavimento con i colpi, così i bastoni la colpirono su tutto il corpo"[90] . Così, analizzando l'esame forense della vittima[91] , è emersa la presenza di numerose ferite da taglio, soprattutto sulla schiena (formando una sorta di rete), sul torace e sulla ghiandola mammaria destra, che sono state considerate come fattori aggravanti della sua morte.

---

[86] Ibidem, f. 11-12v.
[87] Ibidem, f. 42-42v.
[88] Caso penale 527, f. 23.
[89] Ibidem, f. 36v-37.
[90] Ibidem, f. 19-19v.
[91] Ibidem, f. 7-8v.

Ma la causa principale della morte di Eogenia sarebbe stata lo strangolamento. Esaminiamo altri discorsi e percezioni dei testimoni, che indicano il momento in cui è avvenuto il fatto. Nella deposizione di Joao Belarmino, egli afferma di aver saputo da Manoel che Eogenia era stata picchiata molto duramente e "di non sapere altro se non che Eogenia era morta a causa dei colpi e che il nemico l'aveva attaccata nella guella"[92] . Riferisce inoltre che

> Eogenia gli disse che quella notte aveva lottato molto con il diavolo; Custodio poi benedisse un bambino, e appena fu buio Eogenia disse: Guarda, il diavolo sta urlando fuori; poi arrivò Benedicto, alias Bine, che portava un fazzoletto che il testimone riconobbe, non appena gli fu mostrato, essere quello di cui Custodio aveva parlato alla vittima; quando Eogenia vide il fazzoletto, iniziò a urlare che il fazzoletto era il diavolo e ordinò a Custodio di prendere il fazzoletto, cosa che Custodio fece.[93]

Molte delle persone coinvolte hanno spesso creduto che gli spiriti maligni abitassero il corpo di Eogenia. Tuttavia, Francisco de Lima contraddice questa idea quando spiega che Joanna chiese loro di togliere la sciarpa dal collo della figlia, vide Eogenia sul pavimento e "Custodio che tirava le due estremità di una sciarpa che era intorno al collo di Eogenia e l'accusato Manoel che teneva Eogenia, con Manoel che la teneva da dietro con una mano sulla spalla e l'altra sul collo della vittima"[94] . Nel racconto del marito di Eogenia, in qualità di testimone informatore, egli afferma di aver "trovato la moglie prostrata sul pavimento e l'imputato le ha detto che non era morta, che aveva avuto... cioè, aveva avuto un attacco e che sarebbe tornata presto"[95] , ma si è subito reso conto che Eogenia era morta.

È emerso che nel primo rapporto delle domande[96] , Custodio ha confessato che insieme a Manoel avevano asfissiato la vittima con un fazzoletto legato al collo. L'esame forense conferma lo strangolamento, in quanto è stata riscontrata la presenza di un solco circolare trasversale intorno al collo e, a causa della mancanza d'aria, nei polmoni si erano accumulati noduli e tumori. Anche la descrizione del volto indica l'asfissia, poiché era "[...] gonfio e di colore violaceo; la lingua sporgeva tra le arcate dentarie ed era ricoperta di schiuma sanguinolenta che fuoriusciva anche dalle narici"[97] . Va notato che l'esame fu effettuato dopo due giorni in cui il corpo era insepolto.

A prescindere dalle contraddizioni nelle testimonianze degli imputati e dei testimoni, in generale, abbiamo osservato una sequenza di metodi per l'applicazione del cosiddetto rituale di

---

[92] Ibidem, f. 21-21 v.
[93] Ibidem, f. 20v-21.
[94] Caso penale 527, f. 19v-20.
[95] Ibidem, f. 37.
[96] Ibidem, f. 14.
[97] Ibidem, f. 7-8v.

esorcismo, dal battesimo, all'applicazione di farmaci, all'istruzione psicologica e all'aggressione fisica (percosse, bruciature e strangolamenti) ad altre credenze e superstizioni degli individui coinvolti, che facevano tutte parte dell'esperienza religiosa nel suo complesso. L'aspetto interessante è che, oltre a praticare il rituale specifico, è chiaro che durante l'esperienza venivano utilizzati vari strumenti.

Al momento del sequestro degli strumenti da parte della polizia, è stata registrata la presenza di vari oggetti che possono essere analizzati come elementi religiosi.

> [...] il commissario ha sequestrato i seguenti oggetti: una grande borsa di cuoio contenente medicine, erbe, ecc.[98]

Così, analizzando il primo Rapporto di Domande al Custode incriminato, vengono presentate queste due borse di cuoio: la prima apparteneva a Custodio, contenente medicine e altri "incantesimi vari"; e la seconda (più piccola) apparteneva a Joao Bernardo (marito di Maria da Gloria Ferreira, la presunta donna che fu assistita da Custodio prima che avvenisse il crimine), in cui aveva anche degli incantesimi. Inoltre, Custodio riconosce la coda di armadillo e il fazzoletto usato per asfissiare la vittima come proprietà di Manoel - in un altro momento indica che appartengono alla madre di Manoel, la signora Clemencia Maria Bitta, e poi si corregge riconoscendoli anch'essi come proprietà di Manoel. La gonna mostrata apparterrebbe alla donna bruciata, Ignacia Maria da Trindade.

Con questo, attraverso gli strumenti utilizzati nell'atto, si possono portare altri andlises che ruotano intorno alle esperienze di religiosità popolare, dal momento che è stato presentato: medicine, erbe, bastoni e rosari portati nelle borse e altri materiali di stregoneria (non menzionati quali).

Per il primo elemento, ricorda il racconto di Joao Bernardo de Oliveira, secondo il quale Custodio avrebbe dato dei farmaci alla moglie, Maria da Gloria Ferreira. Oltre a lei, anche alla vittima principale, Eogenia Maria Balbina, furono prescritti farmaci. Nella dichiarazione di Joanna Balbina Ferreira dos Santos, madre della vittima, si legge che Custodio ha somministrato alla figlia due dosi di un farmaco chiamato tartaro.

Oltre a queste testimonianze, il testimone Francisco Jose de Lima ci ha fornito un'altra informazione sul motivo per cui fu prescritto il farmaco. Egli riferisce che "[...] quando smisero di picchiare Eogenia si alzò e andò a sdraiarsi nella sua stanza, e allora Custodio diede a Eogenia due dosi di tartare, dicendo che serviva per uccidere il diavolo che aveva in corpo"[99], indicando che questo era lo scopo della medicina. Ciò è confermato dal racconto di Custodio,

---

[98] Descrizione della scena del crimine e sequestro degli strumenti. Caso penale 527, f. 4.
[99] Caso penale 527, f. 19v-20.

in cui confessa di essere stato chiamato a casa di Eogenia per assisterla al fine di allontanare lo spirito maligno e di averle dato due dosi di tartaro.

Un altro dettaglio importante di questa medicina è stato analizzato nell'interrogatorio dell'imputato Manoel Ferreira, in cui riferisce che "Eogenia si sdraiò nella sua stanza e Custodio andò a preparare una medicina che diede da bere a Eogenia, quel giorno Eogenia si sdraiò fino alle quattro del pomeriggio"[100] . Questo è molto probabilmente dovuto al trattamento che ricevette quando ingerì la sostanza.

Sempre a proposito della pratica di prescrivere rimedi, ricorrente all'epoca, Joanna dos Santos riferisce anche "[...] che non credeva in lui e non riceveva nemmeno i rimedi da lui dati; che era abituato a dare rimedi ad altre persone"[101] . Il fatto è che molti rimedi naturali ed erbe erano considerati sinonimo di cura per vari disturbi, soprattutto quando le politiche sanitarie non erano in grado di affrontare tutti i problemi e le cure mediche non erano facilmente accessibili.

Per questo motivo, la religiosità si manifestava anche nel modo di affrontare la malattia e la morte. I semplici disturbi quotidiani venivano trattati con preghiere o basandosi su simpatie e benedizioni. In molti casi, venivano aiutati con materiali estratti dalla natura, come l'acqua e le erbe, o addirittura il sale.

Così, nel secondo elemento evidenziato, relativo all'uso delle erbe, la causa penale ci fornisce un dettaglio importante da analizzare. Nella testimonianza resa dall'imputato Manoel Ferreira non è chiaro quale fosse l'effettivo utilizzo dell'erba estratta, "[...] l'interrogato si trovava in quell'occasione sul terreno e quando passò fu colpito sul naso da un mago dell'erba che la portava in mano, e che poi entrarono in casa sua, e che al loro arrivo Eogenia si spaventò molto". Poiché l'erba citata non è indicata per quale uso fosse destinata, c'è da chiedersi se sia stata annusata per identificare il tipo di erba e utilizzata per produrre un rimedio o se sia stata usata solo da Manoel.

Come abbiamo visto in precedenza, altri elementi naturali sono stati ampiamente utilizzati e sono stati spesso impiegati nei procedimenti penali, come i bastoni di mela cotogna e le code di armadillo. Questi materiali hanno rappresentato storicamente un metodo di coercizione, cioè di correzione di atteggiamenti considerati scorretti. In questo caso, il loro uso è stato attribuito a un mezzo per scacciare il diavolo.

Eppure, sotto l'aura della religiosità popolare, oltre a questi strumenti, la cultura del caboclo include anche la manipolazione di altri strumenti domestici di uso quotidiano, tra cui:

---

[100] Caso penale 527, f. 17.
[101] Ibidem, f. 42-42v.

lenze, coltelli, braci, rami di piante, acque benedette, candele e rosari. Due di questi strumenti sono stati citati nel processo penale in momenti diversi: i rosari e le candele.

Per le comunità caboclo, il rosario simboleggia la materializzazione delle preghiere. Ma al di là di questa comprensione, il rosario veniva usato nella procedura per picchiare la vittima.

Nella dichiarazione di Manoel Ferreira, "Custodio ordinò a Joanna di picchiare la vittima con un rosario, cosa che fu fatta, e in quell'occasione la vittima era molto gonfia e ferita per i colpi subiti".[102] . In questo caso, il rosario, tra gli altri significati, fu usato sia come strumento di coercizione che di "liberazione". Anche il cero è solitamente abbinato alle preghiere, ma in questo caso è stato utilizzato per momenti difficili, come il funerale.

Così, questi strumenti materiali erano uniti alla fede per formare un'unità, in cui, secondo Neiva Marinho Moreira e Jugara Nair Wollf, gli oggetti erano solitamente accompagnati da benedizioni "recitando preghiere e facendosi il segno della croce, si stabilisce un legame con i santi, fornendo così una cura per i mali che sorgono nella vita quotidiana (MOREIRA; WOLLF, 2001, p. 158).

Resistendo al tempo e alle sue trasformazioni, le pratiche dei curandeirismos, delle benzeduras e di altre aspirazioni della religiosità popolare sono state rielaborate e hanno subito pressioni. Alcune sono più esplicite, altre più sottili, e subiscono le interferenze delle autorità scientifiche ed ecclesiastiche, oltre che della stessa popolazione. Così, credenze, conoscenze e pratiche culturali sono il risultato della costante costituzione di un'organizzazione sociale all'interno dei suoi significati.

Chiudendo le questioni che riguardano la religiosità popolare, le esperienze religiose vissute dalla popolazione caboclo durante il periodo citato nella ricerca, e dopo aver conosciuto gli elementi utilizzati in questa pratica, che aveva in sé qualcosa di mistico religioso e di procedura di guarigione, portiamo anche l'esito di questo evento, che ha portato al processo penale - breve rispetto ad altri casi criminali in epoche diverse.

Si tennero due sessioni della giuria, con due lunghi verbali che registravano la lettura dell'accusa degli imputati, fornendo le giustificazioni legali e fattuali e le ragioni che sostenevano la colpevolezza degli imputati. Nella prima sessione, gli avvocati, ricorrendo a repliche, trepliche e altre formalità legali, riuscirono a far assolvere gli imputati, per cui l'accusa si appellò alla Corte Superiore di Giustizia dello Stato.

Dopo un anno esatto, fu fissata la seconda sessione della giuria (la prima fu il 18 settembre 1907 e la seconda il 15 settembre 1908) e, dopo aver letto tutte le domande sul

---

[102] Caso penale 527, f. 17v.

crimine e aver emesso il giudizio, l'imputato Manoel Antonio Ferreira fu assolto (ci fu un pareggio di voti, ma si decise che l'imputato era completamente privo di senno o intelligenza quando commise il crimine) e l'imputato Custodio Ferreira Soares fu condannato. In conformità con la legislazione dell'epoca, in base al decreto n. 847 dell'11 ottobre 1890[103][104] , egli fu dapprima condannato a sedici anni e sei mesi di carcere, includendolo nella categoria criminale dell'articolo 294 § 1 del Codice penale, ma la sua pena fu aumentata in conformità con l'articolo 409 dello stesso codice, risultando in diciannove anni e tre mesi di carcere più le spese.

L'anno successivo, il quotidiano *O Commercio di* Curitiba *pubblicò una serie di* rubriche di polizia su Custodio "Le 6 cartelle dattiloscopiche di [...] Custodio Ferreira Soares [...] sono state inviate al Dr. Capo della Polizia di Ponta Grossa"[10] 4. *L'*attenzione è rivolta ai trasferimenti di documentazione ad altri settori responsabili. Così, mercoledì 17 marzo 1909, l'ultima pubblicazione di giornale trovata digitalizzata con il nome di Custodio evidenziato.

L'interpretazione dei ritagli giornalistici e l'analisi dettagliata dei procedimenti penali hanno permesso di comprendere meglio l'evento in sé, i soggetti coinvolti e le sue caratteristiche generali, oltre a problematizzare concetti ed espressioni spesso naturalizzati per la loro frequenza o permanenza temporale. Tuttavia, l'aspetto più importante è stato l'analisi di alcuni aspetti della religiosità popolare vissuta da una parte della popolazione caboclo.

---

[103] Disponibile all'indirizzo: <http://www2.camara.leg.br/legin/fed/decret/1824-1899/decreto-847-11-outubro-1890- 503086-publicacaooriginal-1-pe.html>. Accessibile il 31 maggio 2016.
[104] **O Commercio**. Anno II, n. 94. Curitiba, mercoledì 17.03.1909. p. 2.

4. CONSIDERAZIONI FINALI

Considerando la problematicità della ricerca qui sviluppata, e tenendo conto del periodo del regime repubblicano e dei tentativi di stabilire un cattolicesimo ufficiale, il caso criminale derivante da una pratica di esorcismo qui analizzato non è stato casuale, ma piuttosto il suo contenuto rappresenta la contraddizione stessa dei discorsi sviluppisti e religiosi. Per questo motivo, analizzare come una parte della popolazione abbia vissuto esperienze religiose considerate parte della religiosità popolare in mezzo a queste popolazioni caboclo era necessario per problematizzare questo periodo storico in regioni lontane dalle grandi città.

Così, l'analisi del caso ha offerto le condizioni per comprendere la realtà storica e sociale della regione, discernere i diversi gruppi socioculturali e i loro interessi, conoscere soggetti storici atipici e persino dialogare sulle regole della convivenza. Inoltre, utilizzando episodi trascritti nel caso penale, non solo di origine penale, ma esplorando altre istituzioni legate al caso, è stato possibile considerare l'articolazione e i diversi discorsi presenti.

Oltre a questa fonte, ne ha incorporate altre legate alla comunicazione (stampa scritta), come i ritagli di giornale che commentavano il crimine, introducendo ulteriori possibilità di analisi. L'incrocio delle fonti ha portato ad altri dibattiti pertinenti, poiché concetti ed espressioni sono stati spesso naturalizzati dagli agenti che li utilizzano. Così, attraverso l'analisi della costruzione dei discorsi giornalistici, abbiamo problematizzato il modo in cui la stampa ha cercato di classificare gli individui e di standardizzarli in determinate etichette, considerando che i giornali vengono presentati come forti plasmatori dell'opinione pubblica.

Nel contesto della colonizzazione di quello che oggi è il Paraná sudoccidentale, la formazione della regione di Campos de Palmas ha visto interferire nel suo spazio diversi agenti sociali: indigeni, neri, caboclos, migranti e stranieri. Uno spazio che non si limita ai suoi confini fisici, ma piuttosto alle sue relazioni economiche, politiche, sociali e culturali.

È stato inoltre individuato che uno dei fattori che hanno influenzato le relazioni sociali dei gruppi che vivevano a Palmas è stato causato dalla miscegenazione derivante dai flussi migratori nella regione, motivo per cui si è pensato ad attribuzioni che coinvolgessero i soggetti storici che, nel corso del processo penale, sono stati incorporati, guardando anche alle questioni di colore e la vita sociale di ogni gruppo esistente. Tuttavia, l'obiettivo di lavorare su dimensioni che coinvolgano i gruppi sociali coinvolti, identificandoli come originari di popolazioni caboclo, non si limita all'intenzione di categorizzarli in alcune etichette prestabilite, negandone l'originalità e la storicità, ma di facilitare il riconoscimento delle loro caratteristiche, utilizzando il senso socio-culturale come discussione e non solo le dimensioni etniche per comprenderli meglio.

Si può quindi notare che uno dei principali punti di fusione culturale fu la religiosità derivante da questa mescolanza culturale tra i gruppi sociali "recenti" e quelli convenzionali della regione. Pertanto, attraverso lo studio di questo caso, possiamo osservare la complessità di una realtà storica, soprattutto quando guardiamo all'ambiente religioso e culturale che ha motivato l'episodio, che va oltre le questioni strettamente legate al caso di esorcismo in sé, ma alle questioni legate al cattolicesimo popolare caboclo.

L'atmosfera era segnata dal dominio religioso, sia in senso istituzionale, visti i tentativi di stabilire un cattolicesimo ufficiale, sia dalla presenza di una religiosità popolare praticata da diverse comunità. Mentre le due forme religiose si scontravano, si è concluso che, a un certo punto della storia, elementi del cattolicesimo ufficiale riformista e del cattolicesimo popolare condividevano gli stessi spazi, oltre a condividere aspetti simili, motivo per cui coesistevano.

Nel caso analizzato, c'era una sequenza generale di metodi per applicare il cosiddetto rituale dell'esorcismo, dal battesimo, all'applicazione di farmaci, all'instillazione psicologica e agli attacchi fisici (percosse, bruciature e strangolamento), oltre ad altre credenze e superstizioni degli individui coinvolti, che facevano parte dell'esperienza religiosa nel suo complesso.

Per questo motivo, la religiosità in questo senso si manifestava anche nei modi di affrontare le malattie e si occupava di questioni legate alla guarigione. Una cura non solo limitata a soffocare i mali quotidiani e i disturbi comuni, ma anche motivata dalla cura dei mali spirituali. In altre parole, un misticismo religioso, che riguardava l'assoluzione e la remissione dei peccati, la ratifica del sacramento, il simbolismo del passaggio, l'espulsione degli spiriti maligni, i cattivi presagi, le associazioni e le superstizioni. Tutti questi aspetti sono problematizzati nella composizione del rituale di guarigione spirituale, ma non sono fini a se stessi; al contrario, aprono ancora più domande e interpretazioni.

È interessante notare che, oltre al rituale specifico, durante l'esperienza religiosa venivano utilizzati diversi strumenti. Strumenti considerati di stregoneria e benedizione: sostanze medicinali; materiali estratti dalla natura come erbe, bastoncini di mela cotogna e code di armadillo; e oggetti legati alla devozione, come il rosario e la candela. Questi materiali sono stati intesi al di là di un legame devozionale, ma legati a metodi di coercizione, magico-religiosi e legati a concetti medici, che sono stati analizzati singolarmente, permettendo di confrontare modi di usare lo stesso strumento con significati diversi.

Così, resistendo al tempo e alle sue trasformazioni, le pratiche religiose, le guarigioni, le benzedure e altre aspirazioni della religiosità popolare, sono state rielaborate e affrontano costantemente pressioni - alcune più espressive, altre più blande -, subendo interferenze da parte delle autorità scientifiche ed ecclesiastiche e dalle stesse persone che le utilizzano. Pertanto, credenze, conoscenze e pratiche culturali sono il risultato della costante costituzione di un'organizzazione sociale.

La ricerca apre dibattiti per altri ricercatori sull'argomento, poiché l'analisi dei discorsi nei procedimenti penali contiene una serie di elementi che formano una sequenza rituale, interessante da approfondire. Anche utilizzando questa sezione tematica rivista in un approccio microanalitico, il caso penale riportato permette di analizzare il crimine in diversi ambiti di studio, al di là degli attributi citati. Ciò che risalta è la possibilità di trattare diversi aspetti, all'interno di vari ambiti della società come: politico, economico, giudiziario, religioso, culturale o sociale. In quanto tali, sono aperti all'interpretazione.

FONTI

Procedimento penale

Caso di appello penale. Imputato: Custodio Ferreira Soares e altri. Anno 1907. Numerazione originale: 527. Tribunale Superiore di Giustizia dello Stato del Paraná. Palmas/PR. Depositato nel Registro dei reati del Foro del Distretto di Palmas/PR.

Giornali

La Repubblica. Edizione del 1907. Anno XXII, n.66. Curitiba, mercoledì 20.03.1907. p. 2.

Le notizie. Edizione del 1907. Anno III, n.416. Curitiba, mercoledì 20.03.1907. p. 1-2.

O Commercio. Edizione 1909. Anno II, n. 94. Curitiba, mercoledì 17.03.1909. p. 2-3.

RIFERIMENTI

BOURDIEU, Pierre. Genesi e struttura del campo religioso. In: **L'economia degli scambi simbolici**. San Paolo: Perspectiva. 1982. p. 1-39.

CABRAL, Osvaldo Rodrigues. **La campagna di Contestado**. Florianopolis: Lunardelli, 1987.

CUNHA, Antonio Geraldo. **Dicionario historico das palavras portuguesas de origem tupi**. San Paolo: Melhoramentos/EDUSP, 1978.

DIEL, Paulo Fernando. La riforma cattolica con il cattolicesimo popolare caboclo nell'ovest di Santa Catarina e nel sud-ovest del Paraná (1903-1958). **Rivista Cadernos do CEOM**. Anno 14, n. 13. Unoesc Chapeco. 2001. p. 99-127.

FAUSTO, Boris. Historia geral da civilizagao brasileira: tomo III: o Brasil republicano: sociedade e instituigoes (1889-1930). v.9. Rio de Janeiro: Bertrand Brasil, 2006. p. 79-95, 348-370.

FILHO, Roberto Luiz Pocai. **A saga do pioneiro no sertao dos bichos do mato**: a produgao do espago no Sudoeste do Parana e o silencio da Historia. v.8, n.1, Ponta Grossa: Terra Plural, 2014. p. 125-144.

GINZBURG, Carlo. **Formaggio e vermi**: la vita quotidiana e le idee di un mugnaio perseguitato dall'Inquisizione. San Paolo: Companhia das Letras, 2006. 255 p.

GRINBERG, Keila. La storia nelle cantine degli archivi giudiziari. In: PINSKY, Carla B.; LUCA, Tania R. de. (eds.) **O historiador e suas fontes**. San Paolo: Contexto, 2009. p. 119139.

LAGO, Lourdes Stefanello. **Origine ed evoluzione della popolazione di Palmas 1840-1899**. Florianopolis. 1987. 239 p.

LEVI, Giovanni. Sulla microstoria. In: BURKE, Peter (org.) **La scrittura della storia:** nuove prospettive. San Paolo: Editora da UNESP, 1992, p. 133-161.

. **L'eredità immateriale**: la traiettoria di un esorcista nel Piemonte del XVII secolo. Rio de Janeiro: Civilizagao Brasileira, 2000. p. 7-180.

LUCA, Tania Regina de. **Note sugli storici e le loro fonti.** Metis: storia e cultura. v. 11, n. 21, gennaio/giugno. 2012, p. 13-21.

MELO, Carlos Eduardo S. B. de. **Sobre o auxflio mutuo entre os fieis**. Palmas, 12 dicembre 1937. p. 1-10.

MACHADO, Paulo Pinheiro. **Liderangas do Contestado**. Campinas: UNICAMP, 2004.

MACHADO, Paulo Pinheiro. O sertao de Palmas: frontiera agro-pastorale e conflitti sociali. In: **Primo Congresso Latinoamericano di Storia Economica**, 2007, Montevideo. Atti del Primo Congresso Latinoamericano di Storia Economica. Montevideo: International Economic History Association - Universidad de la Republica, 2007. v. 1. p. 1-15.

MANOEL, Ivan Aparecido. Storia, religione e religiosità. **Rivista brasiliana di storia delle religioni**. Dossie Identità religiose e storia. Anno I, n. 1, maggio 2008, p. 18-33.

MOREIRA, Neiva Marinho; WOLLF, Jugara Nair. Tra acque, rami e rosari: pratiche ed esperienze delle donne benzedeiras di Xaxim. **Rivista Cadernos do CEOM**. Anno 14, n° 13. Unoesc Chapeco. 2001. p. 157-182.

MARQUETTI, Delcio; SILVA, Juraci Brandalise Lopes da. La cultura cabocla alle frontiere del Sud. In: RADIM, Jose Carlos; VALENTINI, Delmir Jose; ZARTH, Paula A. (eds.). **Storia della frontiera meridionale**. Porto Alegre: Letras&Vida: Chapeco: UFFS, 2015, p. 109-129.

MARQUETTI, Delcio. **"Matem que eu respondo!"**: soldati e immigrati polacchi nella Zona Strategica del Paraná (a cavallo tra il XIX e il XX secolo). 2015. 290 f. Tesi (Dottorato di ricerca in Storia) - Università di Vale do Rio dos Sinos, Programma di specializzazione in Storia, Sao Leopoldo, RS, 2015. p. 228-239.

MONDARDO, Marcos Leandro. **I caboclos nel sud-ovest del Paraná: da "società autarchica" a gruppo sociale escluso**. In: Historia em reflexao: Revista Eletronica de Historia. Vol. 2, n. 3 - UFGD - Dourados gennaio/giugno 2008. p. 2-21.

NAVA, Pedro da Silva. **Capitoli di storia della medicina in Brasile.** Cotia, San Paolo: Atelie Editorial: Londrina, PR: Eduel; San Paolo: Oficina do Livro Rubens Borba de Moraes, 2003.

OLIVEIRA, Fabiana Luci de; SILVA, Virginia Ferreira da. **I casi giudiziari come fonte di dati:** potere e interpretazione. Sociologie. Porto Alegre, ano 7, n° 13, gennaio/giugno. 2005, p. 244-259.

PANSERA, Tiago. **La guerra del Contestado**: storia del più grande movimento sociale di Santa Catarina. Associação Grupo Folclorico Parceria. ed. 1. 2015. p. 11-32.

PASSOS, Aruana Antonio dos. La **criminalità nel sud-ovest del Paraná (1920-1940)**. In: Revista Justiga e Historia. Vol. 10. n. 19-20. 2010. p. 97-129.

PERROT, Michelle. **Gli esclusi della storia:** Lavoratori, donne, prigionieri. Rio de Janeiro: Paz e Terra, 2006. p. 238-241.

QUEIROZ, Mauricio V. **Messianismo e conflitti sociali**: la contestata guerra sertaneja (1912-1914). San Paolo, Atica, 1966.

RADIM, José Carlos. **Italiani e italo-brasiliani nella colonizzazione della Santa Catarina occidentale**. Joagaba: UNOESC, 1996.

RENK, Arlene. **Dizionario non convenzionale** sull'esclusione nell'ovest di Santa Catarina. Chapeco: Editora Universitaria Grifos, 2000.

REVEL, J. (Org.) **Giochi di scala**: l'esperienza della microanalisi. Rio de Janeiro: FGV, 1998. p. 1-178.

RIBEIRO, Marcia Moises. **A ciencia dos tropicos: a** arte medica no Brasil do seculo XVIII. San Paolo, HUCITEC, 1997.

. **Esorcisti e demoni**: demonologia ed esorcismi nel mondo portoghese-brasiliano. Rio de Janeiro: Campus, 2003. 193 p.

ROSEMBERG, Andre; SOUZA Luis Antonio Francisco de. **Note sull'uso dei documenti giudiziari e di polizia come fonte di ricerca**. Rivista Patrimonio e Memoria. UNESP - FCLAs - CEDAP, v. 5, n.2, p. 168-182 - dic. 2009.

SANTOS, Jael dos. **Pratiche e rappresentazioni religiose**: Il cattolicesimo nel Paraná sud-occidentale (1930-2013). Marechal Candico Rondon, 2014. p. 12-62.

SCHUH, Marcos Batista. Camminare sui sentieri della singolarità. **Rivista Cadernos do CEOM**. Anno 14, n. 13. Unoesc Chapeco. 2001. p. 127-155.

SIMPOSIO NAZIONALE SUL CENTENARIO DEL MOVIMENTO CONTESTADO: storia, memoria, società e cultura nel Sud del Brasile (1912-2012). Atti **della sessione di Pelotas**, RS: Ed. e grafica universitaria, 2012. 291 p.

SILVA, Silvio Simione da. Caboclo. In: MOTTA, Marcia (org.). **Dicionario da terra**. 2° ed. Rio de Janeiro: Civilizagao Brasileira, 2010. p. 68-69.

STRAUBE, Kelly Von Knoblauch. **La struttura socio-spaziale del sistema mulattiero**: il caso del Camino das Tropas tra Palmas e Uniao da Vitoria/PR. 2007. 188 p. Dissertazione (Master in Geografia). Università Federale del Paraná. Curitiba, 2007.

SUSS, Paulo Gunter. **Cattolicesimo popolare in Brasile**: tipologia e strategie di una religiosità vissuta. San Paolo: Loyola, 1979. p. 150-152.

TOMAZI, Gilberto. **La mistica di Contestado**: il messaggio di Joao Maria nell'esperienza religiosa di Contestado e dei suoi discendenti. 2005.

VALENTINI, Delmir Jose. **Dalla Città Santa alla Corte Celeste**: Memorie delle terre retrostanti e della guerra del Contestado. Chapeco SC: Argos, 2016. 180 p.

WACHOWICZ, Ruy Christovam. **Paraná sud-occidentale**: occupazione e colonizzazione. Curitiba: Litero-Tecnica, 1985, p. 14.

WEIGERT, Daniele. **Compadrio e familia escrava em Palmas, provincia do Parana (18431888)**. 150 f. Dissertazione (Master in Storia) Settore Scienze Umane, Lettere e Arti, Università Federale del Paranà. Curitiba, 2010.

Printed by Books on Demand GmbH, Norderstedt / Germany